TRAINING FROM THE BACK OF THE ROOM!

65 WAYS TO STEP ASIDE AND LET THEM LEARN

4C法颠覆培训课堂

65种反转培训策略（修订本）

[美] 莎朗·波曼（Sharon L. Bowman） 著　杨帝 译

電子工業出版社
Publishing House of Electronics Industry
北京·BEIJING

Sharon L. Bowman:Training From the Back of the Room!: 65 Ways to Step Aside and Let Them Learn
ISBN: 978-0787996628

版权贸易合同登记号　图字：01-2014-6673

图书在版编目（CIP）数据

4C 法颠覆培训课堂：65 种反转培训策略 / （美）莎朗 • 波曼（Sharon L. Bowman）著；杨帝译. —修订本. —北京：电子工业出版社，2019.7

书名原文：Training From the Back of the Room!:65 Ways to Step Aside and Let Them Learn

ISBN 978-7-121-36865-3

Ⅰ. ①4… Ⅱ. ①莎… ②杨… Ⅲ. ①企业管理—职工培训 Ⅳ. ①F272.921

中国版本图书馆 CIP 数据核字(2019)第 124351 号

责任编辑：晋　晶
文字编辑：杨洪军
印　　刷：北京捷迅佳彩印刷有限公司
装　　订：北京捷迅佳彩印刷有限公司
出版发行：电子工业出版社
　　　　　北京市海淀区万寿路 173 信箱　邮编 100036
开　　本：720×1000　1/16　印张：18.5　字数：296 千字
版　　次：2015 年 7 月第 1 版
　　　　　2019 年 7 月第 2 版
印　　次：2021 年 5 月第 6 次印刷
定　　价：75.00 元

凡所购买电子工业出版社图书有缺损问题，请向购买书店调换。若书店售缺，请与本社发行部联系，联系及邮购电话：（010）88254888，88258888。

质量投诉请发邮件至 zlts@phei.com.cn，盗版侵权举报请发邮件至 dbqq@phei.com.cn。

本书咨询联系方式：（010）88254199，sjb@phei.com.cn。

序

企之业，成于人。时至2019年，改革开放四十年后，企业在人力资源与培训领域的发展与我国经济增长的速度并不完全同步。虽然一句著名的台词“21世纪什么最贵”，成功地把“人才是组织最重要的财富和最核心的竞争力”这一观念深深植入大家的心里，但“知”与“行”之间还有很长的路要走。

在人才的“选、育、用、留”中，发展人、最大化释放人的能力是重要的目标之一。培训管理者作为人才发展工作的中坚力量，同样需要通过持续学习以提升专业度，成人达己。

作为人才发展领域的专业媒体，新华报业传媒集团《培训》杂志社针对培训管理者开展的系列调研显示：培训需求分析、课程设计开发、绩效改进与业务支持、培训交付执行、培训评估、培训项目运营等是其重要且关键的工作任务（场景），而与之相对应的岗位知识的全面、动态学习，实际应用的不断精进，成为培训管理者核心能力素质提升的方向。

基于此，《培训》杂志与电子工业出版社通过多轮深入的沟通与研讨，比对人才发展领域能力图谱，围绕该图谱的核心圈逻辑线，策划并共同出品了系列图书，希望能为培训管理者及从事人才发展工作的专业人士提供内容系统、专业性强的学习和阅读，帮助其提升工作成效与价值，实现与业务的深度对话，同时也为我国人才发展领域的专业理论研究和实践共享，尽已所能地做出贡献。

综上所述，希望本次出版的系列图书能给您所在组织的人才发展工作、您个人的核心能力提升及职业生涯规划带来真正的价值！

《培训》杂志主编

让培训有效的必由之路

培训，不管是通过面授课还是网络课，最终的目标都是要让学员的行为发生改变。一段教学流程，要想达到这个目标，必然要进行精心的设计。

没有经过深思熟虑去设计、没有经过反复演练去修正的教学流程有可能在很多关键节点上出现错误：学员没有关注到该关注的信息，学员理解出现了偏差，学员不认可这个观点，学员都听懂了这些知识但是解决实际问题时犯了一些错误，等等。这些都让培训没能带来行为的改变，没有达到目标。

所以，运用科学方法设计一段有效的教学流程让培训有效的必由之路，是值得所有学校老师、企业讲师、岗位训练人员去学习的。如果你也想学会如何设计有效的教学流程，我建议从以下三个层面入手。

一、了解与学习不同流派的学习理论。学习理论回答了“人是如何学习的”这个关键问题。只有了解了人是如何学习的，才有了设计教学流程的理论基础，才能让设计出来的流程符合客观人学习的规律。在这个层面上，不同的科学家从不同的角度回答了这个问题，有从人脑运行机制来解释的、有从人的内在动机驱动解释的、有从人的经验建构角度解释的，等等。作为讲师的你，注意多去留意与学习这些方面的文章。

在莎朗·波曼的这本书里，她介绍了一些脑科学的原理以及源于欧洲的“加速学习技巧”理论，并且把这些理论解读得通俗易懂。

二、熟练运用一个设计框架。设计框架回答了“围绕一段教学内容需要在什么环节添加教学活动，以及这个活动应该起到什么作用”的问题。举个例子，任何一个设计框架都会告诉你培训的开场是一个非常关键的时间点，需要设计一个开场活动，而且这个开场活动要加强学员的相互链接，激发学员的学习动机。同学习理论一样，框架也有很多，如常见的“五星教学法”、罗伯特·加涅的“九步法”等，这些框架其实都大同小异。你需要选择甚至创造一个自己用起来最合适的框架。

在莎朗·波曼的这本书里，她介绍了一个非常实用的框架——“4C”。无论你是要设计一个 3 分钟的微课，实施一个 15 分钟的演讲，讲授一个 3 小时的面授课程，还是规划一个 2 星期的学习项目，这个小框架都可以适用。我曾经运用这个框架辅导过很多培训师来优化和改进自己的教学流程，简单而有效。

三、创建自己的教学活动库。在运用框架规划好教学流程以后，下一步就需要按照框架的要求添加教学活动。还拿前面的小例子来说明，框架告诉我，在开场的时候要添加一个活动来建立学员的链接。那么，我用哪个活动呢？这个时候，培训的具体实施情况是设计的基础。学员有多少人？他们之前彼此熟悉吗？现场的座位是如何排布的？我的教学时间有多长？……这些问题的答案就可以帮助我在我的教学活动库里检索出一个最合适的活动。

显而易见，自己的活动库越丰富，可选择的余地也就越大。在这个层面上，这本书简直就是一个宝库，因为莎朗·波曼准备了 65 个可以在不同环节使用的教学活动。这些教学活动基本都比较简单，可操作性强，适用范围广（一个活动既可以用来讲解项目管理的知识点，也可以用来介绍一个领导力模型）。

她所介绍的活动都是“框架类活动”，只要你根据自己的情况稍做细节的修改与调整，就可以直接拿到自己的课堂上。

有效的学习体验和教学流程设计是确保培训真正有效的关键因素。相信它，尝试它，改进它。愿这本书能助你成为更好的培训引导师！

孙波

关于本书

为什么这个主题如此重要

我们讲的实在太多了。作为培训师或老师，我们讲的东西会让学员觉得厌烦。我们不是故意为之，而且真的觉得自己讲得还蛮有意思。可事实是，学员乖乖地坐在那里听我们讲课，却学不到什么东西。更糟糕的是，我们中有些人还去指导培训师或者他人如何教学，这些人常常做出让我们嗤之以鼻的示范：他们站在讲台上教给大家的就是让他们闭上嘴巴；学员要的信息能从幻灯片里直接找到；他们无视当前脑力开发的研究，只运用那些从一开始到现在都没什么用的老掉牙的教学策略。为缓解这个问题，越来越多的人意识到他们可以通过互联网攫取知识的财富——任何时候都可获其所需——看起来根本没有理由让他们坐在教室里浪费时间听某些人在那里絮叨。他们懂得这一点。对于坐在教室里进行学习的这种方式的抵抗力可谓一代更比一代强。

所以，作为培训师或老师，我们唯一需要做的最有挑战性的事就是袖手旁观，让学员自己去学。当我们停止说教，学员开始开口，这才算是真正的学习；当学员自始至终都参与到了教学过程中，这才算是真正的学习；当学员成为自身学习经历活跃的创造者，这才算是真正的学习。关于人们学习方式方面的大脑开发研究就支持上述的结论。为了学员、公司和教育机构着想，再考虑到我们自身作为教学服务者的满足感，我们需要学学别的培训方式，那些能让学员从踏进教室直到离开都完全沉浸其中的方式。

本书能让你学到什么

本书向你提供了 65 种培训活动与策略，让你袖手旁观，让学员作为教学的主角，去讨论、提问、表达、实验、参与、展示、练习、教授以及互教互学。你会改变以往传统的、低效率的“老师讲、学员听”的模式，使之变成充满能量、善待大脑的方式：“当学员开始讨论和教学的时候，他们才算真正在学习！”

本书构成

本书从你应知应会的信息开始：看看本书为你准备了哪些宝贝，当前有哪些支持本书理念的大脑科学研究，以及 4C 教学法——一种大脑友好型的教学方法。以下四个部分给 4C 教学法的每一步都进行了定义，做出了描述，并提供了训练策略。

- 第一部分：联系——15 种开放式的联系策略，将学员与某个主题联系到一起；学员之间互相联系；将学员的需求与学习目标相联系。
- 第二部分：概念——20 种概念练习策略，让学员亲身沉浸到讲演中或者参与到“直接教学”训练单元。
- 第三部分：实用练习——15 种实用练习策略，帮助学员积极复习内容，练习新技能。
- 第四部分：总结——15 种总结及庆典策略，开展以学员为导向的总结、评估和结业庆典。

此外，我们会鼓励读者参加短平快的学习活动，你可以自己设定一些主题来开展这些活动。最后，本书还会在你学有所获的基础上告诉你一些你乐于了解的信息：成人学习理论的秘密、取得学习成果的新方法、世界咖啡以及互动式电子化学习方式的 10 个小建议。欢迎来到“4C 法颠覆培训课堂”！

前　言

莎朗·波曼在本书中写到，培训师应如何对待学习、制订教学计划以及在课堂或培训中完成相应的工作。她的建议很明确、很简单，也很通俗易懂。她不执拗于行为主义、流程图、人的行为模式、评估等级或诸如复杂的学习工具之类的东西。她的著作对于刻板教条的教学设计者和学术设计专家来说不具有很强的吸引力。所以，如果你觉得自己是一名教学设计专家，满嘴各种各样的行话，本书不适合你。

罗杰·斯山克有个四个字的说法，即“就像学校”，精辟地解释了什么是不得法的培训。学校经常被贴上过时的标签：学生放暑假去帮家里收割庄稼。学校从字面上讲其实是另一种现实，它把学生同真实的世界隔绝开以保护它的“客户”（换个说法就是“学员”），这样确保学校把真实的世界“挡在外面”。老师们更多的是强迫学生去学习，而不是给他们以学习的动力。刚刚毕业的学生揭开了不能说的真相：走出校园，分数基本没意义。老师就是正确答案的代言人——他们根本不给你进行批判性思维的机会。在工作单位，大家很重视团队协作能力，而在学校，和别人一起学习会被看作欺骗。

当今的培训承接了太多从学校流传出来的劣性。毕竟，每个培训师都在学校经过了十几年的学习，他们就是那么学的。举个例子：大多数经理并没有意识到引导学习比凭直觉做事更重要。培训师也经常掉入同样的陷阱。培训主管会告诉销售培训师，从此以后他们的奖金将以一定比例跟其培训学员的销售业绩挂钩。培训师会怨声载道：“这不应该是我们的责任啊！”这怎么说呢？

我们先不做评判，跟着莎朗和我去看看。人应该怎么学习？顺其自然会发生什么？他们会发现新事物。他们会通过实验发现事物的规律和原理。他们会观察和模仿。他们会彼此争辩。他们会知道如果要成事，自己需要掌握哪些东西。他们追随自己的内心。

是时候打破学校的神话，从培养学习习惯入手，去做下面的事情了：

- **鼓励**探索发现，越出条条框框。
- **提供**一些实验的机会，不要惩罚“失败”。
- **促使**人们互相学习。
- 给团队**增加**挑战，而不是对个人。
- 给面对面的对话**提供**时间和空间。
- 给为自己而学的人们**提供**资料。
- **给予**学员一定的学习自由。

为激励学员思考，本书提出了一种 4C 教学法，并辅以 65 种具体的操作手段帮助学员提升学习水平。这就像一本烹饪教材，但是光靠一本烹饪教材可做不出佳肴。虽然菜谱摆在那儿，但那只是一个起点，每个厨师都会翻遍菜谱尽可能从当地的原料中汲取精华来烹制好菜。培训师能做到因材施教才是专业范儿。

下面是莎朗的简版独家秘籍：

- 创造更多的参与性活动，抓住学员的注意力。
- 不要循规蹈矩，不要总是试图替学员思考。
- 鼓励学员互教互学。

汉斯·蒙德曼是荷兰的一名交通工程师。他闻名遐迩是因为他的所恶与所不为。例如交通标志，他认为把国道上的中线去掉，司机们开车会更加安全。路上有这些乱七八糟的标志和护栏，大家会觉得在一种受到充分保护的环境里行驶，就会随心所欲地开得飞快。如果你把大家当作傻瓜，大家就会表现得像傻瓜。抛开学步车轮，大家会像成人那样驾车。当蒙德曼式的改革推行后，交通事故率下降了 30%。

接受莎朗的建议，抛开学步车轮，让大家利用自己学到的知识建立自信，多多参与到学习中来。虽然你不会因此而降低交通事故率，但是我可以保证你一定会提高大家的学习质量。

杰·克罗斯

互联网时代集团

伯克利市，加利福尼亚州

www.jaycross.com

目　录

应知应会　学习本书前你应知应会的信息

第一部分 联 系

第二部分　概　　念

第三部分　实用练习

第四部分 总 结

乐于了解　本书最后你乐于了解的信息

学习本书前
你应知应会的信息

《4C 法颠覆培训课堂》热身练习

欢迎来感受非一般的学习体验！在你决定读本书之前，不妨考虑做以下几个热身练习，让你的大脑抢占先机。因为你即将探索《4C 法颠覆培训课堂》中讲的一些概念与学习活动。第一部分阐述了热身练习的细节。开始享受这个学习过程吧！

1. 简单上网搜搜与认知神经学或人类大脑学习方式有关的信息，记下所发现的一些要点，把你在网上搜到的内容跟本书读到的内容做一比较。把你发现的认为值得去看的网站链接也记下来。
2. 跟你心目中认可的学习、教学、培训领域的专家做一次访谈，看看他认为什么对高效的培训是重要的。把这位专家说的内容同本书的概念做一比较，与一名培训界的同人探讨一下这个比较的情况。
3. 找一本你读过的培训类的书籍，把书中的主要观点同本书的主要观点做一比较，把比较情况简单写个摘要，与一名培训界的同人分享探讨。看看你是否同意其中某本书的观点，同意或不同意的原因是什么。
4. 简明扼要地列一张清单。把你知道的或自认为最好的教学、培训方式统统写进去。读完本书后再回头看看你写的东西，然后再决定要不要对你所写的东西做改动。你有可能加上点东西，有可能删掉些东西，或者对其中某些部分做出改动。

4C 法参考指南

本页是一个参考指南，用以辅助你进行培训设计。当你需要设计一次培训、一次展示、一个工作坊或一堂课的时候你可以用到本页。

联系

学员将他们关于主题所知或认为知道的内容同即将学到的与想要学到的知识以及彼此之间联系到一起。

概念

学员利用多重感官的方式获取信息：听觉、视觉、讨论、记写、思考、想象、参与以及互教互学。

实用练习

学员积极地练习新技能，或者参与到所学新知识的复习活动中。

总结

学员对所学知识进行总结、评估和自我激励，并对培训结束后如何使用新知识、新技能制订了计划。

第 1 章　本书为你准备了什么

《4C 法颠覆培训课堂》简介

发挥学员的作用。

——选自迈克·艾伦的《电子化学习法导论》

联　　系

仅限1分钟

1 分钟联系练习：快速通道

这是一个价值百万美元的关于培训的问题。诚实地写出你的答案，然后再看下面的答案解释。

学员在培训课上花费时间最多的事情是什么？

A. 读课文，读老师发的教材，看幻灯片、说明书

B. 听老师讲

C. 盯着幻灯片、电视或计算机屏幕看

D. 讨论概念或者练习技能

E. 互教互学

- A 答案解释：读课文，读老师发的教材，看幻灯片、说明书。

可能对老师来讲很轻松，但是对学员实属不佳。如果你把“学习”界定为能够用某种方式记住或者使用信息，那么对于大多数人而言，阅读是效率最低的方式之一。

- **B 答案解释：听老师讲**。不管你自认为讲得多有趣，但大多数学员几乎不会记得你说了什么，尤其是当他们不会直接运用这些信息的时候。是的，听觉很强的学员可能满足于仅仅坐在那儿听课，但是给你讲课的内容加点像故事、比喻、类比和幽默感等诸如此类的点缀能让你的课程熠熠生辉。大家会对你所传递的信息印象更加深刻。但是，即便你讲得很好玩，听讲也称不上学习。
- **C 答案解释：盯着幻灯片、电视或计算机屏幕看**。这比读或听又往前迈出了一步。诉诸可视化的媒介，像视频短片、图表、照片、卡通、图标等手段，在这种情况下，信息变得更加形象生动，因此也更容易被记住。
- **D 答案解释：讨论概念或者练习技能**。好的，现在你正朝着正确的方向前进。只要参加培训的学员开始讨论概念、练习技能，他们的学习水平就会迅速提高。不仅如此，他们还会在今后相当长的一段时间里记住并使用这些信息。
- **E 答案解释：互教互学**。你已经走在大部分学员的前面了。因为你懂得，教授别人也是一种最有力的学习方式。当你让学员互教互学的时候，他们会增进自信，提升竞争力，提高使用和驾驭所学知识的能力。

本书所要讲的就是让学员在学习过程中做积极的参与者。如果你已经做到让学员自踏进教室起到离开教室那一刻为止都能全身心地投入到学习活动中，那么本书将作为你锦上添花的资料。如果你还没有做到可以让学员在培训过程中全身心参与，那么本书将教你如何做到从教室“后方”开展培训，即你“袖手旁观”，让学员自己主宰学习的过程。

想象一下……

你刚刚完成一个为期三天的培训师培训课程，其间你学会了如何规划和开展高效培训，但你既没有老老实实坐在那儿学，也没有观看幻灯片好好听课，取而代之的是，在整个培训过程中你自始至终都在参加简单明快的学习活动。你大多时候都是与同学们合作完成一些活动，并收获了一些成果。在你做笔记、画卡通图片和其他相关图片时，导师玛西亚会讲大概十分钟。每次讲解之后，都会有一个简短的总结活动。

你会注意到一系列不寻常的现象。例如，当你和同学们作为培训主角开展活动时，玛西亚经常站在教室后面；在培训的不同阶段，各组都会站在教室讲台上，主导完成一场展示、讨论或新概念的介绍活动。你会把大部分注意力放在其他学员身上，因为他们也是你的学习对象，同时你们也会学习“培训师培训”课程。

你同样会注意到玛西亚言行一致，她从不会告诉你什么是重点，然后给你时间去练习。她也不会用一大堆幻灯片让你觉得枯燥乏味，同时告诉你不要厌烦你的同学。

你所观察到的最重要的信息是，玛西亚不会表现得自己像唯一懂得讲课内容的人，让大家必须坐在那儿听她讲。她反而会给你和其他学员充足的机会讨论你所知道的高效培训是什么样子，并且组织一个分享活动，让大家分享最棒的练习成果。你会勤奋刻苦，也会学到海量的知识，因为你积极参与了学习过程的每一步。

概　　念

你想让大家听讲还是学习

这是第二个价值百万美元的问题，也有可能是最重要的一个。作为培训师，你将不断地问自己：**我是想让大家听讲呢，还是学习呢**？你对这个问题的答案至关重要。因为这会影响到课程规划和开展的效率。

如果你的目的是灌输内容，那么讲话是最便捷、最简单、最省时的方法。毕竟，学习不是主要目的，把内容传递给学员才是主要目的。

但是，如果你的目的是让大家学习，即让学员记住并掌握你传授给他们的信息，那么听讲就做不到了。能做到这个的就是让大家充分参与到整个培训中——带着浓厚的兴趣、全身心地积极参与到相关内容的活动中——通过这种活动大家能够互教互学，这些正是本书要帮你完成的。

谁来讲

如果你的确想让参加培训的学员记住并掌握你教给他们的概念，那么你要问自己最后一个价值百万美元的问题：**在我的培训课上，谁才是最需要讲话的人？**

要回答这个问题需要极富诚意。因为大多数培训师都认为自己在课上没怎么讲，然而统计数据显示的结果恰恰相反。基于网上一系列相关文章的研究，大多数培训师会把大概 2/3 的培训时间花在讲上面，但是他们都没意识到这一点。“的确，几乎每个人都看起来有这种倾向：把灌输内容当作很自然、合适、最基本的事来做。”（艾伦，2003 年，第 189 页）

> **试试这个**
>
> **计时。**下次你参加任何成人的学习活动时，如展示、会议、课程班、工作室或培训，计算一下展示主讲人或培训师讲话的时间，对比一下你和学员的说话时间，看看培训师占用的时间有多接近 2/3 这个数字。不管培训师多么风趣、多么用心良苦，如果他大部分时间或者全部时间都用在讲话上，他就无法把精力放在让大家学习上。并非所有成人的学习活动都真的关乎学习。许多所谓学习过程只是机械地灌输内容，你需要明白两者的差别，并确保你的培训课是一种学习经历，而非内容的灌输过程。

所以，为了提高学习水平，你要给学员充足的时间去讨论、提问、活动、表演、参与以及互教互学。这些事情既简单又复杂。说它简单，是因为这些事情看似清晰明了、通俗易懂。说它复杂，是因为要彻底改变一种行为（如你一贯的培训行为）首先要从信念上做出改变，不然，单纯行为上的改变不会持久。

模式的力量

改变信念通常被称作“转变模式”。只有触发行为的内在模式发生改变时，培训师的行为才会改变，如培训师最常用的课程设计与授课方式。

大多数培训专家膜拜的最厉害的模式仍然是“老师讲、学员听”。我之所以重复这个事实，是因为这种膜拜造就了当前大部分培训课程千篇一律的现状。现在有许多图书都在讲参与式学习的重要性。大多数成年老师（如企业的培训师）仍然在做“老师讲、学员听”的事儿，即使这些大同小异的培训师为了活跃学习气氛给大家提供了言语上的服务。为什么呢？下面是几种可能的原因。

- **学员的期待**：当他们是孩子的时候就是那么学的。
- **公司和教育机构的期待**：这种传统的教学方式已经延续了几十年。
- **培训师也一直是有意被这么教出来的**：培训师受到的教育就是用说话、讲演、展示和诉说的方式教课的。
- **培训师可以在培训过程中享有更多的控制力**：让我们直面这个现实吧——当面对的学员是积极的聆听者，而不是活跃的学习分子时，培训师更易于固守特定的授课内容、授课方式和时间进度。还有，如果只有老师一个人在讲，也不太需要处理学习团队管理方面的问题。
- **培训师认为自己是相关知识领域的专家**：这包含两层意思。第一，培训师掌握了某领域所有应知应会的知识；第二，学员对这一块知识知之甚少——不然他们也能成为相关领域的专家。

这种“老师讲、学员听”的模式只在一点上是错的：它违背了人本能的学习方式。取而代之的是，这种模式只突出了信息传递的便捷性和经济性。这种学习模式有三个主要特征，但跟学习本身完全无关。

1. **信息易于传递**。在这种模式里，传递信息的方式只有一种（说话），只有一个人（培训师）说了大部分/全部的话。

2. **信息传递效果易于评估**。例如，一家公司想要快速评估一下培训投入的效果，只要简单地问一句：“你给员工们讲安全规定了吗？”当培训师回答“是”时，公司就会得出结论：好，大家都知晓安全规定了。

1 分钟概念复习

自我检查

阅读下列内容，然后选出长久以来你一直在用但可能现在发现不再有用的训练模式：

1. 学习的第一步是听。
2. 学员在学习前就基本已经知道要学什么了。
3. 老师对教材的阐释能力比学员强。
4. 学员常常可以用更好的方式来教自己的同学。
5. 学员听到什么就会记住什么。
6. 当学员活跃地参与到学习过程中时，他们在脑海中留下学习内容的时间会更持久。
7. 如果老师教了，学员应该就学会了。

是的，第 1、3、5、7 项是旧模式，即使现在，培训师也几乎不在课堂上提问。尽管大多数培训师明白第 2、4、6 项的重要性，但是把这样的理念转化为行动会很困难，因为这些理念还没有经过培训师或老师的课程论证过或模式化。

3. **信息传递易于实现**。比起学员进行参与式的学习，老师单纯地讲课要花费更少的培训时间。省时也就意味着省钱。只讲一堂课比开发一些培训活动耗费的资料更少。还有，讲课占的地方也小：如果房间里的椅子按照剧院座位的方式布置，设计容量为 50 人的房间能容纳 100 人坐在那儿听讲。

本书帮你实现目标

本书会帮你实现将培训模式从以培训师和讲课内容为本转换到以学员为核心。你不会让学员只停留在听说层面上，而会让学员通过富有创造性的、与主题紧密相连的活动参与到学习中，即便内容再枯燥、再有技术含量、再复杂，也不怕。

本书对你来说有十大益处。学会运用本书教你的概念和策略，你将能做到：

1. 学员自踏入教室起到离开教室那一刻都能**沉浸在学习过程中**，整个过程环环相扣。
2. **缩减你的讲话时间**，增加学员的学习时间。
3. 利用简单的、结构化的、合作性的学习活动**使教学过程直截了当**。
4. **使用了关于人类学习方面最新的大脑研究成果**，这些研究成果给予学员互教互学的学习方式以理论支持。
5. 由于在整个培训过程中你**把学员当作学习的核心**，培训模式也由以你为核心转向以学员为核心。
6. 通过在学员身上开展实证，或通过多种多样的简单评估方法，你可以看到**学员对重要信息的记忆力有所长进**。
7. **设计培训活动会更加快捷、高效**。利用简单的 4C 教学设计法可以为你省去可观的时间与精力。
8. **培训的方式多种多样**，可以增进学员的参与性，提高大家的兴趣，增强学习动力。

9. 不管是培训前、培训中还是培训后都能**增添你自己的热情与能量**，因此，不论是对你还是对学员，这个学习过程都会激动人心。
10. 可以**教会他人**你从本书学到的内容。

1 分钟概念复习

四大法宝

重新阅读上面的十大益处，把你认为对自己最重要的四点找出来。这么做有助于你加深记忆，把从本书学到的东西和你认为最重要的东西联系起来。

第一重要的是：

____

第二重要的是：

____

第三重要的是：

____

第四重要的是：

____

本书构成

本书从应知应会的信息开始，共有三章内容，它们是本书的成书基础。接下来的四部分，运用前面三章讲的一些理论基础，介绍了 65 种实用的培训活动与策略。不管培训主题是什么，或者培训学员年龄、阅历如何，都可以在培训课上利用这些活动开展教学。最后，本书用五章内容告诉你一些你乐于了解的信息，为你所学的内容锦上添花。

下面是你将要从本书中学到的技能。

学习本书前你应知应会的信息

- **本书为你准备了什么：《4C 法颠覆培训课堂》简介**。现在你正在读的就是这章内容。通过这部分，你会了解到本书要讲什么，为什么对你很重要，以及如何运用其中的概念和策略。
- **大脑友好型培训：学会如何学习**。本章内容集成了当前一些大脑科学方面的研究成果，包括人的大脑是如何学习的，以及如何将研究成果用于培训。
- **4C 法：一种快捷的、惊人高效的教学设计流程**。本章带你速览一下快速教学设计以及授课模式的全貌。这也是本书的基础。此外，本书六章（包括本章及最后一部分的五章）都以 4C 法这个模式为基础。自你开始阅读本书，你就会对 4C 法有切身体会，哪怕你正处在学习的过程中。

第一部分：联系

- **关于联系你需要知道什么**。这是 4C 教学设计法的第一步，也是其他步骤的基础。本部分的其他内容介绍了 15 种活动，可以帮助学员将学习主题、学习成果以及同学之间用一定的关联方式联系起来。

第二部分：概念

- **关于概念你需要知道什么**。这是 4C 教学设计法的第二步。本部分的内容会教给你 20 种策略，可以让学员参与到直接的教学过程中，以及让学员互教互学。

第三部分：实用练习

- **关于实用练习你需要知道什么**。这是 4C 教学设计法的第三步。包括实际的技能依赖型或知识依赖型的练习活动。本部分讲到了 15 种策略，有助于将培训中的实用练习做到省时高效。

第四部分：总结

- **关于总结你需要知道的。**这是 4C 教学设计法的第四步。本部分内容是为了让学员对所学的东西做一总结，评估一下自己的学习效果，并做出自我承诺，将学到的知识用于实际生活，给完成整个学习过程来个小小的鼓励和庆祝。本部分介绍了 15 种由学员主导的总结活动。

本书最后你乐于了解的信息

- **成人学习理论的秘密：一切都跟年龄无关。**许多关于成人学习的研究都基于一些错误的假设，认为成人和儿童在学习方面有很多不同。看看关于成人学习理论最前沿的研究是什么。
- **从最后开始：取得学习成果的新方法。**发现一种新的记录学习成果的方式，比培训师在培训课上教的方法更容易。
- **世界咖啡：以有意义的谈话为手段的创新过程。**这种基于谈话的合作性学习工具是一种创新的方法，能促使学员开展创造性的思考，进行集体性的知识共享，同时能强化学习团队。
- **叫醒他们：互动式电子化学习方式的 10 个小建议。**不明白怎么把本书的概念用于计算机化的培训？本章教给你。
- **作者后记：**对于作者的个人手记，我们作为培训师要在最后提醒大家，如果真的想要做好学习这件事儿，就让学员好好讨论一下作者后记。

以物教物

本书会告诉你如何以物教物。什么意思呢？我会运用高效的课程设计和教学策略来教你如何进行高效的课程设计和教学。本书为你准备了各种各样的大脑友好型的学习活动。这些活动会教你如何运用相关概念，哪怕你正处于学习过程中。不仅如此，你还可以结合培训主题开展同样的活动，因为在阅读的同时积极参与活动会学到更多东西。本书提供了许多边学边练的机会。不管你选择参加还是不参加活动，都取决于你。实际上这些快捷、活跃的学习方法会深化你对本书有关概念的理解。同时本书也会介绍给你一些具体的实例，告诉你如何在你的培训课上开展这些活动。包括：

- **1 分钟联系练习**。介绍一些开放性的活动，把你已经学到的知识和即将学的知识联系到一起。
- **1 分钟概念复习**。这种快捷的复习活动会强化你所学到的知识，帮助你深化理解，使记忆更加持久。
- **1 分钟实用练习**。你能通过这些活跃的复习方法将所学的知识加以运用。
- **1 分钟总结**。利用这些活动，你可以练习一下如何总结、评估你从本章中学到的东西。

除了本书到处闪现的便捷的 1 分钟活动，你同样会注意到还有六章的内容展现了 4C 教学设计法，包括你正在读的这一章。在你阅读和积极参与活动的同时，会渐渐发现这个方法在以一定的方式发挥作用。换句话说，即使正处于学习过程中，你也能体会到有效的教学设计和教学方法是怎么一回事。

- **联系**。在每章的这一部分，你会将本章所讲的概念和你已知的（或未知的）关于这些概念的知识联系起来。这一部分还会告诉你学完本章后你会有哪些收获。
- **概念**。在每章的这一部分，会告诉你关于正在介绍或正在讨论的概念有哪些你需要知道的信息。其中，偶尔也可能包含一些你可以了解的信息。这些信息可能对你的学习来说不是十分必要，但是掌握这些信息可以帮助你深化对概念的理解。
- **实用练习**。在每章的这一部分，会给你一些建议和启发，教你如何通过实际方法运用所学的概念。在本书第一、二、三、四部分的这一版块，会介绍一些学习活动。
- **总结**。在每章的这一部分，会对你本章所学的内容做总结和评估，并会提供一些方法加深记忆，将所学内容用于培训实践。此外，还有一些待你去探索发掘的资料以及对你迄今为止的学习之旅做个小小的鼓励和庆祝。

最后，在以物教物方面，本书还介绍了其他四种工具。你可以在自己的培训课上使用它们。

- **概念图**。在本书（第一、二、三、四部分）每部分主要章节的前面，会有一个本章要点内容的概要，以图画的方式呈现出来，这就是概念图，一种空间视觉化的笔记工具。我鼓励你在读这几章的时候在概念图上做好笔记，这样你就会把信息记得更持久。在第二部分，你会读到关于定义、原理阐释的内容，并且可以学习五个学员制作的概念图。
- **试试这个**。这一部分是活动建议。为了更深入理解你所学的概念，你最好在学习后的业余时间或自己的培训课上尝试如何实践。
- **学习日志**。在每个主要章节的后面都有一块空白用于记录学习日志。你可以把相关的学习感想和问题写在这儿，也可以写下自己的总结或对某些概念的看法。实际上，这是对你自己学习过程的总结和学习效果的评估。
- **培训师工具箱**。每个主要章节的后面都有这样一个"工具箱"。你可以在学习过程中随时把书中对你而言很重要，或者你可能想用于自己培训课上的观点、策略和练习活动收集在这里。把这些小工具记在书中特定的地方有助于你加深记忆，以后找起来也更方便。

实用练习

学习本书有很多种方式，你可以从下面挑一种，或者自己创造出一种：

- **从前面开始**。如果你是个菜鸟培训师，起初可能有许多疑问，那么就从你现在读的这一部分开始，名字叫"学习本书前你应知应会的信息"，这三章介绍了本书其他部分成书的基础。你还会发现许多有用的建议，它们能帮助你渐渐改变自己的培训思路，使其更加灵活化、学员核心化。

- **从中间开始。**如果你是个有经验的培训师或者你想从“怎么做”开始，你可以略读第一、二、三部分，主要看这几部分关于活动方面的内容。你会发现有许多策略很有用，能让你锦上添花。这一部分内容也能帮你对当前的培训方法查漏补缺。
- **从最后开始。**如果你想以全新的视角来解读传统培训手段——例如成人学习理论和撰写学习成果报告（先说这两种）——就翻到“本书最后你乐于了解的信息”这一部分，因为大多数培训师对于类似这样的材料已经很熟悉了，并且由于大多数培训师都希望给进行参与式学习的学员提供快捷的、“拿起来就能用”的东西，所以本书主要关注的是互动式教学策略以及支持这种培训方式的大脑科学方面的研究。
- **明确你的能力和掣肘。**培训课程的哪几块内容是你擅长发挥的？是开场，简介或讲演，学员讨论，复习活动，还是结尾？明确这几部分内容的特点，你就可以很好地驾驭它们。哪些培训内容对你来说更难或更有挑战性？这是你的掣肘。头脑中对自己的掣肘有个概念，然后重温一下本章中的“本书构成”，翻到能够帮你改进短板的部分，即能够帮你化弱项为强项的部分。如果你觉得开场部分没有什么发挥的地方，你可以翻到“第一部分　联系”。这部分会告诉你高效的开场秘诀在哪儿，以及有什么建议和活动介绍。如果你认为培训时间总是不够用，自己经常到培训快结束了课程还有很多没讲完，你可以翻到“第四部分　总结”，在这部分会找到有用的简单快捷的总结活动。
- **略读，停顿，阅读，运用。**你可能跟许多读者一样，经常碰到这种情况。快速略读一遍书，只找那些黑体标题、图表或者任何能吸引你注意力的东西。然后停下来读这些部分。本书能帮你实现上述过程。你可以找到一个感兴趣的图表或段落，抓取其中一两个精华点，然后将其运用到今后的培训中。

- **标记**。在读本书的过程中，你可以把你认为重要的一些短语、句子或段落画出来，把你觉得能使用的建议对策圈出来或框起来，用便笺标注你想回头再看的内容。你还可以在页边注上自己的评语。当你参加了活动，在空白处也做了注脚，本书就变成了你学习之旅的见证，同样变成了你自己的一份私人资料，对你很有意义，也很有用处。用这种很炫的方式给书做标记意味着你对这些信息的记忆会更长久，至少会比你读后毫无反应要记得更牢固。
- **取你所用，其他放之任之**。本书哪些内容有用，哪些内容没用，仁者见仁，智者见智。有些你认为对你的培训课没用的东西，可能正是能让别人的培训课更高效的宝贝。利用对你来说有用或你认为对你的学员能发挥最佳效果的东西。不要浪费时间力图让所有东西都恰能为你所用。学会甄别和选择，其他的就放之任之吧。

1 分钟实用练习

抓取信息

再次略读本章内容，你能找到几项下列内容？在寻找过程中抓取一些信息，填入下面横线的相应位置。

1．在本章开头找出一个联系类的活动，把活动名称写在下面：

____

____

2．找到本章提到的三个“价值百万美元”的问题，写到下面的横线上：

____

____

____

3．4C 法的每个步骤分别最先在哪一页出现？把页码写在下面的横线上。

联系——第__页

概念——第__页

实用练习——第__页

总结——第__页

4．两个1分钟概念复习活动分别叫什么？

____

____

5. 你正在做的实用练习活动叫什么？

____

____

翻到本章末尾，核对你的答案，看看你做得怎么样。在你自己的培训课上有没有什么内容可以利用这样的信息抓取方法，认真思考一下。

总　　结

本书将要阐述的是一种先进的、实验性的培训方法。它不是给畏首畏尾的人准备的。许多培训师、教育工作者仍把传统的培训模式视为珍宝，本书传授的概念和策略对传统模式是一种挑战。当你把模式从“老师讲、学员听”扭转到“学员开口讲开始教的时候才是真正的学习”，你就给自己和学员开启了一个全新的世界，在这个全新的世界里有许许多多激动人心的学习可能性。与传统的以老师为导向、以内容为本的培训方法不同，本书教你用新的模式、新的研究和新的教学策略探索新的培训方法。本书所做的一切就是置学员于讲台中央，你挪步到教室后方，“袖手旁观”，让大家开始学习吧！

打破常规！别再乏味地给牌友们解释什么是顺子、什么是同花顺、什么是对子了！直接发牌开始打吧！

——选自迈克 · 艾伦的《电子化学习导论》

1 分钟总结

学习日志

学习日志是你学习之旅的书面记录：什么是你以前不懂而现在懂了的内容？什么是你感觉重要的概念？你会在自己的培训课上怎么运用这些概念？通常来讲，学习日志有一定的格式，但是你也可以画出来，信手涂鸦，或者按你自己的想法做一张概念图（参考第二部分概念图的介绍）。

把你认为本章重要的内容用几句话总结一下，记在下面的空白处，你认为本书跟其他培训类书籍有何不同？你觉得在本书学到的东西会提升你的培训效果吗？

福利

1 分钟总结福利放送：标注

下列内容是本章前面部分提到的 10 种益处以及 5 种结果，希望你读完本书后不会发生跟这 5 种结果类似的事情。有哪几项内容你认为是学习本书后的收获，在其旁边画个星星。有哪几项内容你认为以后不会用到，将其画去。然后核对一下答案。

读完本书并尝试运用那些创意与策略后，我能做到：

1. 让学员自踏入教室起到离开教室那一刻都能全身心地参与到学习过程中，每一步都环环相扣。
2. 向学员展示如何听讲才能从讲课中收获更多。
3. 缩减我讲话的时间，给学员更多的时间去学习。
4. 让学员开展一些简单的、结构化的、合作性的学习活动，其间做一些直接的介绍与说明。
5. 尽可能运用关于人在学习方面最新的大脑研究成果，有助于大家互教互学。
6. 提升了我的展示水平，让我可以用有趣的故事和案例分析提升学员的兴趣。
7. 把培训焦点由我转向学员，使他们成为整个培训过程的核心。
8. 运用传统的 ADDIE 教学设计模式：分析（Analysis）、设计（Design）、开发（Development）、应用（Implementation）、评估（Evaluation）。
9. 通过使用 4C 这种简单的教学设计法，节省了可观的时间和精力，培训设计过程更加快捷高效。
10. 培训方式变得丰富多彩，增加了学员的参与性，提升了兴趣度，增强了学习动力。

11. 即使一些培训学员的学习时间变少了，也要让他们说得更多。

12. 通过观看学员的展示，运用各种简单的评估手段，发现学员掌握重要信息的水平提升了。

13. 在培训课前、课中、课后增添了我个人的能量，点燃了我的热情，因此整个学习过程都激动人心。

14. 我更多地把培训当作一项工作，失去了培训的实质意义，因为日复一日向学员灌输同样的东西让我筋疲力尽。

通过浏览第 1、3、4、5、7、9、10、12、13 和 15 项内容，你会再次温习本书有哪些益处，同时会加固你的记忆。当然，你会把第 2、6、8、11 和 14 项内容画去。

培训师工具箱

本书每章后面都有一个板块，叫培训师工具箱，你可以把学习过程中认为以后可能用到的创意和策略收集起来，写在这一板块。下面留出的空白就是本章工具箱的位置。怎么来做呢？先回顾一下本章内容，想想你都参与了哪些活动，把活动名称写到工具箱内。你认为以后会用到自己培训课上的东西也可以写进工具箱。至于会不会用到以后再说，现在你要做的就是把以后可能用到的东西找个地方存起来，方便以后查找，然后用便笺给这一页做个标记，这样以后就不必找来找去了。

1 分钟实用练习

"抓取信息"练习的答案

1．在本章开头找出一个联系类的活动，把活动名称写在下面：

快速通道

2．找到本章提到的三个"价值百万美元"的问题，写到下面的横线上：

学员在培训课上花费时间最多的事情是什么？

我想让大家听讲还是学习？

在我的培训课上，谁才是最需要讲话的人？

3. 4C 法的每个步骤分别最先在哪一页出现？把页码写在下面的横线上。

联系——第 4 页

概念——第 6 页

实用练习——第 15 页

总结——第 18 页

4．两个 1 分钟概念复习活动分别叫什么？

自我检查；四大法宝

5．你正在做的实用练习活动叫什么？

抓取信息

第2章　大脑友好型培训

学会如何学习

能不能认为有一种专业是这样的，虽然对人类大脑进行了高效的开发，却发现对大脑仍然一无所知？

——选自罗伯特·斯韦斯特的《神经元的庆典》

联　　系

仅限1分钟

1分钟联系练习：快速通道

对于人类大脑如何学习，你了解多少？

在你认为能正确表达句子全意的短语下面画上横线。

1．当把（**既有感性又有理性的；理性的**）信息展示给大脑时，大脑学习的效果最好。

2．对于人类大脑而言，关注某个事情通常是（**一种有意的选择；一种无意的选择**）。

3．注意力会随着学习环境的（**变化；不变**）而提升，随着学习环境的（**变化；不变**）而削减。

4．说教的时间（**长；短**）比（**长；短**）要好。

5．（**当人们自己弄清楚某些事物的时候；当别人告诉自己如何认识某些事物的时候**）会记住更多东西。

6．为达到最佳学习效果，在大脑或思维沉浸在学习中时，身体应该（**基本不动；活跃**）。

到本章末尾核对答案。

在本章你将发现关于人类大脑如何真正学习方面的相关研究，这跟以往你学到的关于学习方面的理论不尽相同。这些研究成果可能让你大吃一惊，因为它摒弃了那些关于学习和培训的过时的理论假设。本章同样给你提供了一些练习方法，便于你运用这些研究成果。

想象一下……

在一个培训师团队里，作为一位资深培训师，你被授予一项任务：评估一下其他资历不深的培训师。其中要你评估的两位培训师今天早晨分别在相邻的两间教室里开展培训，你先后坐在两间教室后面，观察一下两堂培训课上都发生了什么。

在第一间教室，培训师站在教室前面，大声读屏幕上幻灯片展示的内容，他偶尔也会停顿一下，插进去一些屏幕上没提到的内容，问问大家有没有什么问题。他的讲演方式跟他的讲稿一样，足够和颜悦色。有时他甚至会打住，然后问大家："你们都听明白了吗？"显然没有人说"不"，然后他就继续讲下去。学员都安静地坐在那里听他讲课，你环顾一下整个教室，发现学员都在抄幻灯片上的内容，只有极少一部分人在做笔记，有一两个人是在信手涂鸦。课桌被安排成几长排，大家都面向培训师，每个人的课桌上放的都是幻灯片的影印稿、笔和水杯。按照最常见的标准，这就是一间普通的教室，正在上一堂传统的培训课。因为 60 分钟后才下课，培训师就会在 60 分钟里一直讲下去。你观察了一会儿，然后静静地走向另一间教室。

这间教室的情况就完全不同了。你走进这间教室的时候墙壁上的东西会映入眼帘，因为墙上到处挂的都是图表，有些被涂得五颜六色，有些是空白的。实际上，学员刚刚聚拢在某个图表前，用彩笔在上面记下一些东西然后回到座位上。教室里的桌子是圆形的，学员围坐成一圈，这样大家就可以面对面地互相讨论。在桌子中间放置了各种各样的涂写工具：马克笔、彩笔、索引卡、便笺、有趣的笔记纸，诸如此类的很多东西。老师会在教室里边走边讲，时而停下来让学员参与到一些短小的活动中。在整个一小时的培训时间里，她鼓励学员去说、去问、去答、去写、去参与。这间教室里生机勃勃，学习活动进行时教室里充满了低沉的嗡嗡讨论声，活力感、参与感与感染力弥漫在整个教室里。有这么多有趣的事情吸引你，你会愉悦地度过一小时的培训时间，丝毫不会觉得无聊。

用你自己的话描述一下两堂培训课的感受，作为你的评估。你会说些什么呢？认真思考一下。

概　　念

大脑友好型学习理论其实讲的是在学习的时候大脑如何自然地调动积极性，逐步进入学习状态。它脱胎于一项崭新的研究分支项目，名为“认知神经学”，主要研究的是大脑如何收取、储存、读取以及使用信息。这个研究领域独一无二，因为它是一门交叉学科，不仅科学家、医生对此开展研究，生物学家、化学家、物理学家、教育专家、哲学家、人类学家、语言学家、培训专家以及任何依赖于了解人类大脑学习原理而开展工作的人都跟这项研究有关。

大脑友好型培训是大脑友好型学习理论的直接成果。帕特西亚·沃夫在其《大脑之事》（2001 年）一书中这样写道：“我们对大脑了解得越多，我们就能以合乎大脑学习的方式来更好地设计教学过程。”（第 2 页）基于这样的论断，你可能认为所有的培训都是大脑友好型的。但是，当你碰到传统的教学方法（老师主导、内容为本、全靠说教的方式）时，大脑在学习的过程中不再具有举足轻重的地位。往好了说，传统教学法中大脑扮演了一个中性角色；往坏了说，大脑扮演了一个敌对的角色。

“中性的大脑”指的是培训对于一个人是否学到东西没有什么太大的影响。培训结束后，真正的学习才会开始。举个例子，典型的入职培训就是这样的：新员工观看了介绍公司发展历程的幻灯片，聆听各个部门经理发表的欢迎演说，签署了必需的文件，拿到了公司发放的铭牌。但是关于新的工作岗位需要了解的信息，他们到了工作部门后才会知道。

“敌对的大脑”指的是培训会实际干扰到学习过程、降低学习效果，甚至会使人产生苦恼。这儿也有相关的例子。有一些培训师面对学员的需求时，会显得骄傲自大、戒备心重、毫无教养或漠不关心，采取一些讽刺挖苦或不可理喻的手段。还有一种表现不突出但是性质更恶劣的培训课，其特点是课堂氛围极为枯燥，基本都是沉重的演说，没有什么情绪上的激励手段促使大脑参与思考。实际上，枯燥的培训就是大脑敌对型的。

从无聊到有益

让我们来探索一下，关于枯燥的和大脑友好型的两种教学法，大脑科学方面的研究是怎么说的。研究强调了下面几个事实：不考虑人的年龄、文化、种族或性别这些因素，大脑是喜欢学习的。大脑是一个吝啬的、精密的思考机器，如果你愿意，它会一直徘徊在学习新事物的路上，去思考，去使其变得有意义，去体会，去使用。大脑存在的意义就是学习，基因决定了它的功能就是学习。“对于大脑来说不存在失去注意力一说，大脑永远都把注意力放在某个事物上。”（沃夫，2001 年，第 81 页）

人类的大脑无法做到不学习。在缺乏足够刺激的情况下，大脑把注意力由外转向内，开始创建自己的内部世界。换句话说，大脑也会做白日梦。当人们长期机械性地重复同一个工作，或者在读或听不感兴趣的东西，抑或长时间保持同一个姿势，还有外界环境基本从不变化时，人们就会觉得无聊并开始做白日梦。

换一种方式来说，人的大脑喜欢新鲜，靠感官刺激保持生机。当大脑积极学习的时候，会在其神经元或者神经细胞间不断生长出被称作神经突的联系物质。当注意力被“有趣的、新奇的、情绪化的和有意义的事物”

吸引的时候，大脑就开始学习了。（凯恩、凯、麦克科里提克和克里梅克，2005 年，第 199 页）

另外，作为一种重复性的惯性行为，“习惯”会导致大脑对周围正在发生的事情逐渐失去注意力。如果同一种行为以同一种方式（同一种视角、同一种声音、同一种动作、同一种环境、诸如此类）重复发生，“大脑会渐渐习惯这些刺激，以至于慢慢忽略它们”。（沃夫，2001 年，第 82 页）

遗憾的是，大多数传统课堂都是无聊之地。人们发现，在这样的环境中很难集中注意力去学习。大部分或全部时间里都是老师在讲，学员在听，这种模式从不改变，实际环境从不改变。讲的那些东西也许对培训师很重要，对培训机构很重要，但是对学员未必重要。久而久之，这种环境下的学习效果急剧下降，因为学员真的觉得枯燥至极。（怀特，2005 年，第 148 页）

对于传统的培训课还有这样一种说法。迈克 · 艾伦说：“学习过程中乏味和有效是此消彼长的关系。如果你的培训是很枯燥的，那就不可能有效。”（2003 年，第 6 页）事实上，艾伦对于枯燥的培训课所产生的负面效应非常愤恨，他言无不尽地写道：“思维漫无目的地游走，注意力也就消散了……当学员完成学习的时候会觉得如释重负，感叹终于结束了，然后迫不及待地去干别的事儿。什么东西都不剩下……这简直太糟糕了，是一种彻头彻尾的浪费。”（第 5 页）

但是培训本不必如此无聊，即使培训的内容技术含量很高或者内容很沉重。当学员将学习模式从大脑敌对型转换到大脑友好型的时候，整个学习过程就开始益于学员了，对于培训师、教育机构和公司来讲同样受益。

对学员的好处更是数不胜数：大家变得活力四射、动力十足，渴求获取新知识，并迫不及待地想把学到的新知识用于自己今后的工作和生活中。培训师的受益也显而易见：他们在这场游戏的顶端，激情四射，并对打造最棒的学习体验跃跃欲试，一天行将结束之时都感觉能量满满。培训机构和公司的受益将是深远的：员工们的竞争力和成功的动力与日俱增，犯错和弥补错误的时间大大减少，客户服务水平以及员工的工作效率大大提升。（艾伦，2003 年，第 13 ~ 14 页）

大脑友好型的学习和培训

实际上，在你自己的生活里，你经历过无数次的大脑友好型的学习体验，所以你已经很熟悉大脑友好型是什么意思了。只要有以下行为，你就是在进行大脑友好型的学习：

- 你完全是为了**兴趣**而学某样东西。
- 当你**想学**某样东西的时候就会去学。
- 学习某样东西你会有一种巨大的**成就感**。
- 你**需要学**什么的时候你就会去学，并且完全按照你自己的节奏。
- 你自己选择学习的**方式**。
- 你**亲自动手**来学，而不是看别人是怎么做到的。
- 你通过**教**别人来学习。
- 你的学习环境**不是那种正襟危坐式的**，它鼓励合作，不那么强调竞争性。在这种环境中，犯错会被当作学习过程天然的一部分。

大脑友好型的培训采用的教学设计与教学方法能使人的大脑达到最佳学习效果。它主要涵盖了以下几点：欢乐，成就感，学习的渴望，需求，选择，积极的参与性和随意的环境。“当前的研究表明，人们通过全身心的投入来学习：口头的、书面的、理性的、感性的、身体的、直觉的——同时发挥作用。”（梅耶尔，2000 年，第 xxiv 页）

概括起来，大脑友好型的培训利用以下要素来强化学习过程：

1. 积极的情绪体验。
2. 多重感官的刺激与新奇事物。
3. 丰富多彩的教学策略。
4. 积极活跃的参与性与合作性。
5. 非正式的学习环境。

试试这个

选来用用。浏览一遍大脑友好型培训方法的五要素。选择一个你熟知并能够用于下一次培训的要素。认真思考一下你具体将该要素怎么运用到培训当中。如果你选择了积极活跃的参与性与合作性这个要素，你也许会在讲解某个概念后留出几分钟开展小组讨论。如果你选择多重感官的刺激与新奇事物这个要素，你也许会拿一些道具作为视觉化的辅助手段帮助你教学。如果你选择了非正式的学习环境这个要素，你也许会准备一些异彩纷呈的学习材料，如音乐、图表等。明白什么意思了吧？把你在实际培训中运用这些要素的思路要点写下来。

让我们再深入挖掘一下这五种大脑友好型的要素。

积极的情绪体验：从情绪到注意力再到学习

大脑友好型的培训打破了许多固若金汤、因循守旧的培训模式。例如，一直以来有一种观念认为，学习是一项理性的活动。有这种观念的人不在少数。

不管多么努力地尝试，我们都不能忽略情绪这个东西。我们不能装作我们教的学的只跟信息有关，所有的思考都要首先经过情绪这一关。这种感觉就像在我们大脑内部有一个侦探，会持续不断地搜寻信息来匹配相应的情绪：我喜欢这个，我不喜欢那个；我同意这个，我不同意那个；这个让我感到害怕，那个让我感觉舒服；我更愿意那样，我不再想要那样；诸如此类。进入我们大脑的任何一个事物都要首先经过情绪上的过滤，绝无例外。

这种现实与情绪之间的联系在人的大脑中是一种硬关联，因为这对我们身体的存活非常关键。让我们举个形象的例子。我们生活在森林里，你可能知道黑熊会本能地躲避人类。但是假如一只黑熊慢慢地靠近你的领地，你的第一反应最有可能是这样的：我要赶快离开！你的情绪在你大脑形成某种信息前就占据了上风。实际情况是，黑熊害怕你的程度比你害怕它的程度更甚，在那种情况下什么事都不会发生。

让我们再举个别的例子。你正在参加一个旅行社举办的夏威夷旅游展示会。当旅行社在介绍岛上的情况时，后面的背景屏上正在放视频，视频播放的是展现岛上多彩风情的全景画面，有火山、沙滩、棕榈树以及热带小鸟和花卉。哪些东西最吸引你？是旅行社的介绍，还是视频？我想，应该是视频。

两个例子都表明，任何事物都跟情绪息息相关。不管是正面的还是负面的情绪，都更能抓住并保持我们的注意力。罗伯特·斯韦斯特在《神经元的庆典》（1995 年）一书中这样描述此现象："情绪和注意力是我们身体和大脑努力生存（保持活力）的主要手段。"（第 71 页）大脑会持续不断地利用情绪和注意力来决定什么是重要的，什么是不重要的。两者都有一定的神经机理（大脑的力量），导致我们"关注那些看起来重要的事物，同时察觉或者**忽略**那些不重要的事物"（斯韦斯特，1995 年，第 71 页）。

情绪也会变成我们的生存路标。我们会避开让我们痛苦的事物——不管是心理上的伤害还是身体上的不适——还会寻找能让我们感到愉悦的事物。更具体来说，作为学员，我们心理上抗拒让我们感到不舒服的培训（如我感到厌烦，感觉受辱，感觉自己很愚蠢）。我们希望参加那些创造愉快体验的培训（如我很有满足感，感到很受尊重，感觉自己很聪明）。尽管要学的知识或技能很有挑战性，但是如果我们对自己将要学的东西**充满信心**，比起别人强迫我们去学或者冒着不学就要承担失败的风险这种状况，我们会学得更快。

对于培训课上的学员来说也是同样的道理，他们会主动寻求让他们抱有自信与成功感的学习体验，积极向其靠拢，他们会主动避开让他们感觉自己愚蠢或受辱的学习体验。

1 分钟概念复习

选择权在你

下列内容是两位培训师的一些说法，在你阅读的过程中，认真比较和对比一下两者情绪上的倾向，看看你更愿意上哪一位老师的课，A 老师还是 B 老师。

- A 老师：欢迎大家！请每个人花几分钟跟自己的同桌同学做个自我介绍，让大家彼此了解为什么今天会来上这堂课，以及想要从这堂课上学到什么。
- B 老师：欢迎大家！我来介绍一下自己，好让你们了解一下我的个人背景、学历，还有我能成为这个专业领域专家的原因。
- A 老师：让我们开始头脑风暴吧，至少要找出 6 个关于今天这个主题你已经知道的事实。
- B 老师：下面我要告诉大家今天要学的这个主题有什么内容。
- A 老师：这个答案很有趣，除此之外，你也可以考虑一下这个答案……
- B 老师：这个答案不对，正确的答案是那个。
- A 老师：在培训结束前，让我们所有人把今天学到的关于这个主题的新知识列出来。
- B 老师：总结一下，这些就是我们今天学到的新内容。

你自己也能看出来，A 老师的课堂更富有合作性、参与感以及包容性，换句话说，A 老师的课是大脑友好型的，B 老师的课显然不是这样。

多重感官的刺激与新奇事物：计时活动

坐在那儿听别人讲话你最多能保持多久？我们换个说法，你能坐在哪儿听多久别人单纯地陈述某件事情？中间没有故事，没有情感，没有任何东西能把你自己带入相关内容中。你对这样一种学习体验的容忍度一定非常有限，你从坐在那儿到开始焦躁不安也就几分钟或几十分钟，绝不会撑上数小时。

在《10 分钟培训师》一书中，我指出，电视使我们适应了以 10 分钟为一个单位获取信息，这也是一个节目段落的时长，中间每隔 10 分钟就会插入一段广告。我们当然能做到把注意力保持到 10 分钟以上，但是记住的信息总量会减少。因为我们的身体只是坐在那儿，通过大脑的氧气量不是很足，这意味着我们的思考会变得懒惰。插入的广告会给我们一个理由站起来活动活动，哪怕就几分钟。

培训适用同样的道理。信息传授的时间超过 10 分钟（接近这个时间都是可行的——20 分钟也没问题，但时间再长恐怕就不行了）后学员能够记住的信息量就会逐渐递减。当身体开始变得消沉，所受到的感觉刺激只有听觉时，大脑就不怎么能够吸收信息了。

但是，如果能最大限度地把身体活动起来（是学员动，而不是你动），就能同时激发身体和思维的能量。每隔 10 ~ 20 分钟就让学员的身体活动起来，他们会发现自己的精力和注意力会发生惊人的改变，记忆力与回忆力同样会有不错的改善。

在学习过程中身体需要活动的原因很简单。坐久了之后身体站起来这么一个简单的动作能让血液流动加快，大脑的含氧量会提升 15% ~ 20%。（苏萨，2006 年，第 34 页）所以当学员从端坐到站起来的时候，学到的内容量会增加大约 20%。换句话说，一个简单的姿势上的改变能导致学习效果发生深刻的变化。

试试这个

伸展活动。在一小时的课程里，至少给学员安排四次伸展活动。告诉大家怎么做以及这么做的重要性。请大家起立站好，然后开始发令：**“刚刚大家由坐到站，大脑的含氧量大概增加了 20%，这意味着你的大脑现在的工作效率更高。现在伸展一下你的身体，然后转向你旁边站着的人，跟他口头总结一下刚才在课堂上学到的内容，完成这个任务后就可以坐下了。”**

为了丰富伸展活动的形式，每次你开展类似的活动时都可以微微做一下调整：学员可以跟不同的搭档一起做这个活动，大家可以大幅度地伸展肢体（胳膊、腿、上身都可以），也可以小幅度地活动（手指、脚趾、脸部等），或者在总结学习内容之前围成一个圈。你也可以增加一点趣味性，这样可以让大脑释放出更多内啡肽——大脑中一种令人愉悦的化学物质。

在《基于大脑的学习》（2000 年）一书中，作者埃里克·杰森这么说：“我们直接接触的环境中进入任何一种刺激物，或许是新的（新奇事物），或许是带有十分强烈的情感的（跟现处环境反差剧烈的事物），都会迅速吸引我们的注意力。”（第 122 页）学会安排时间以及进行肢体活动是培训中保有多重感官刺激以及新鲜事物的两种方式。下面会有更多此方面内容的介绍：

- 听觉刺激。使用音乐、节奏、韵律、突然的噪声或突然的安静、口头交流、大声的朗读声、音量或音调的变化，诸如此类。
- 视觉刺激。利用颜色、形状、图表、幻灯片、图画、故事和比喻、类比、道具、照片和任何能够促进脑海中形成重要概念的视觉印象的东西。
- 知觉刺激。包括：学员身体的活动（正如本部分内容所介绍的），利用各种各样的书写工具记笔记，参与性的活动，运用不同的记录方式（突出某部分的颜色，在下面画横线，把重要的内容圈起来，折起书页等），做手势（大拇指竖起来表示“是”，大拇指朝下表示“否”，拍掌或跺脚，举手或把手放下来），以及其他任何能让身体动起来参与学习的动作。

还有一个关于时间安排的忠告：对于讲故事这个活动不适用 10 分钟法则。克里普和丹·海瑟在其著作《努力坚持》（2007 年）一书中说，要注意这一点：越简单、越具体、越情绪化的信息，以及以故事化的形式传递的信息在脑海中记忆的时间最持久。故事讲得好可以把听故事的人带进以精神刺激为主的世界。在这样的状态下，精神上的画面感如此真实，情感上的联系十分强烈，坐在那里的时间和听故事的时间变得都很宝贵。比起单纯听人复述某些事实，听故事的人能忍耐更长的听讲时间。

丰富多彩的教学策略：大部分时间里都能抓住大多数学员的注意力

将教学策略的多样性发挥到极致是集中学员注意力并记住重要内容的另一种方式。试试一两种获取信息的练习，“促使学员思考，建立联系，搭建新的神经网络，给自己付诸实践寻找一些意义与价值”（梅耶尔，2000 年，第 40 页）。这样的教学手段可以是简短的演说、问答活动、全班或者小组讨论、多媒体演示、事前事后评估、阅读、书写、听讲、说话、观察、静想和游戏。在《人类大脑主人手册》（2000 年）一书中，认知学科学家霍华德·皮埃尔强调：学员通过多种多样的信息处理方式将自己同相应的学习内容裹挟在一起，能达到更高的学习层次。（第 519 页）那么，所有的教学策略在任何时间都能让所有的学员愉快地接受吗？答案或许是否定的。那么大部分教学策略能让大多数学员都愉快地接受吗，尤其是当学员有机会使用对他们来说最有效的方法时？答案是肯定的。

除了教学手法的多样性，当学员能够自主选择如何学习哪些内容时，他们就会相信学习能够带来一些具体的、有意义的好处，因为他们能打造属于自己的学习。（艾伦，2003 年，第 154、156 页）培训课上要给学员一定的选择权，你可以这么做。

- **列出一张开场活动清单。**这张清单可以帮助学员熟悉培训概念和项目。例如，在网上搜索信息，在教室里跟专家对话，略读发放的学习材料，跟同学们讨论已知的知识，把想要了解的跟培训主题有关的问题写下来。在培训前或培训中请每个人从清单上选择一个活动，规定每个活动时间为 5 分钟，活动结束后集体讨论一下有什么收获。本书第一部分会给你更多启发。
- **列出一张直接教学法的清单**。学员可以在培训课上的演说部分使用这张清单。每桌为一个小组，请每个小组选择一种教学法试着讲一小点新知识。很显然，大家不管选择什么教学法，都要先从书面材料上学习掌握有关概念。同时，他们需要一定的时间学习有关材料并做演示的准备工作（通常需要 10 ~ 15 分钟）。他们选择的活动做起来可能只花不到 5 分钟的时间。例如，简短的演说、说明，全组讨论，角色扮演或短剧，图表阐释或游戏。本书第二部分会给你更多启发。
- **给学员进行内容复习，提供一个时间表和一些选择**。在 10 分钟的复习时间里，学员可以读或写、跟搭档讨论有关概念、完成谜题、做记忆卡片或卡通板、写篇新文章、出一些测试题等。你也可以请大家用不同的材料做一些概念海报。例如，用彩色马克笔、彩色图纸、索引卡片，以及像空心管、贴纸、榫钉、多彩泥这样的立体手工材料等。复习时间结束后，大家可以把海报挂在墙上方便全班同学复习。本书第三部分会给你更多启发。
- **拿出培训中的某一部分内容让大家自己开展一次教学活动**。你把课程大纲提供给学员，给他们一定时间和材料做准备，让学员自己开展一次简短的教学活动。你也许更愿意以小组的方式来开展这个活动，而不是全班一起上。例如，在培训课即将结束之时，你请班上其中一个小组负责 5 分钟的总结活动。你要求活动必须是对所学的知识进行一次生动的复习，活动必须涵盖所有学员，同时必须呈现出所有学员做的口头和书面的总结。在课堂上给这个小组留出一些时间或者趁课间休息让他们凑在一起研究一下。在这个小组开始进行活动前，请他们向你汇报一下活动方案，以便你提供一些可行的建议。然后你就站在一旁观看他们行动吧。本书第四部分会给你更多启发。

事实上，当学员亲身参与到教学设计和教学过程中的时候，他们就能满足自己的学习需求，实现学习目标。（莎米，2004 年，第 69 页）

积极活跃的参与性与合作性：学员学习的时候你要“袖手旁观”

当你还是个孩子的时候，你想通过**真正骑一辆自行车**来学习骑车；你想通过**真正画一幅画**来学习画画；你想通过**把模型拼在一起**来学习拼装模型。你不会想只是看着妈妈怎么拼装模型，或者看着爸爸怎么画画，或者看着姐姐是怎么骑车的。是的，事实上你有时候就是在看着他们做某些事情的。而且，事实上在你遇到困难的时候你很希望他们在你左右给你帮助、给你鼓励。但是当真正去做属于你自己的事情时，而有人不允许你去做时你就会感到沮丧，某种程度上你明白这个道理。

作为培训师，我们需要给学员足够多的信息来起步，然后在他们用自己的信息处理方式开展学习时移步一旁。他们有需要的时候会张口。这里有个例子：在一次客户服务的培训课上，学员起初以什么是高效的客户服务技巧为主题进行头脑风暴，然后培训师给每个小组提供了一个真实生活中发生的客户服务方面的问题案例，学员可以通过上网搜索或查阅文献资料来帮助自己解决这个案例中提到的问题，然后将完成结果报告呈现全班同学。随后培训师讲授了更多细微具体的客户服务方面的知识，学员又担当主角，开展了一次生动的复习活动。

这样的学习方式会产生两种截然不同的结果：学员会在很长一段时间

里记住很多知识，其间不要太多的提醒与补习，并且对于这个学习过程很有满足感和自信感。换句话说，大部分学员都想要“积极参与到活动中，贡献自己学到的知识，希望被人看作独立的、有能力的学习个体”（斯托维奇，2002 年，第 51 页）。

以下一些建议对于促进参与以及合作的积极性也很有帮助。

- **从框架开始**。先让学员明白“框架”是什么，即活动是怎么构成的：活动目的、时限、参与的预期、最后期望达成的结果。下面是以复习活动为例的一个简版的活动框架：
  - 你告诉大家每个人需要跟自己的搭档合作复习课上讲到的概念。
  - 大家有 2 分钟的时间做出一张清单，清单上需要有至少 6 个课上讲的学习要点。
  - 2 分钟后，每组搭档向本组报告制作清单的成果。
  - 你也可以把活动说明写在幻灯片上，这样大家可以在需要的时候做参考。
- **从低风险过渡到高风险**。在最开始，你可以用一些合作性的策略，让同学们彼此之间以及跟你之间有一种心理上的安全感。简单的活动有记点投票和转身讲话（第一部分有活动说明），在这些活动中学员可以跟 1～2 个人讨论有关概念，这属于低风险的活动。没有人需要站在全班人面前发言，不用担心哪个学员会因为不明白某个概念而在全班同学面前丢脸。往后面走，你可以鼓励学员在更大范围内开展合作性的学习活动，这比搭档间的活动具有更高的风险。
- **要合作而不是竞争**。对于许多人来说，带有高度竞争性的游戏感觉像高风险的活动。自负会走在前面，传统的“你输我赢”的模式会被带到游戏里。有些人会被这种游戏和胜利感激发能量，有些人则不会。没有人愿意成为败者。如果可能，请尽量选择合作性的活动，或者团队竞争活动（每个人都参与其中），而不要搞个人竞争。或者干脆把竞争的那一套东西从培训中拿走，没有人会留恋它。
- **放手让学员去做**。在给学员一些自主权开展教学活动的同时，你可以请学员创造一些合作性的复习活动。你可以安排 1 ~ 2 个小组或者问问有没有自告奋勇的学员，创造一个 5 分钟或 10 分钟的复习活动。要求活动时间必须简短，范围要覆盖所有小组，内容要涵盖讲过的所有内容，活动介绍要简明扼要。活动建议：卡片游戏、小组讨论、字谜或语谜、粘贴图表页、传球问答游戏等。在小组准备合作性复习活动的同时，你要检查他们是否遵守了相关要求，必要的时候提供一些帮助。每个小组的准备时间大概为 10 分钟。

在《参与式学习》（2005 年）一书中，电子化学习顾问克拉克 · 奎恩告诉我们，学员“必须开发自己的理解力……这种说法改变了我们对学习的认识，强调了学习需要经过学员之间讨论、学员与老师以及与导师的讨论这样的过程，赋予了学习更多的社会属性，活跃的学习过程重新定义了学员的理解力”（第 32 页）。

杰 · 克洛斯总结得最妙：“老师学，学员教……雄心勃勃的学员很享受按照自己的方式做事的过程。他们在教别人学习的同时自己也学到了东西。”（2007 年，第 76 ~ 77 页）

试试这个

补充幻灯片。选择一个含有 3 ~ 4 个学习要点的培训课幻灯片。不要把幻灯片投放在屏幕上，而是给每个小组发一份幻灯片的影印稿。告诉大家：“**大声读出桌上幻灯片稿子里的内容。以小组为单位，讨论一下幻灯片上的学习要点，制作一张清单，把你已经知道的可以对某个要点进行补充的内容列进去。每个小组有 3 分钟的时间。大家稍后要报告制作清单的情况。**”随后在讲课过程中，把大家补充的内容涵盖进去。

你可以把这个创意做一下延伸，指定每组负责一个要点，结合你给他们的那个要点的相关信息，以及他们所掌握的内容，对该要点进行概括总结。事实上，这么做就是让大家参与到直接教学法当中，在这个过程中你会补充一些大家可能遗漏或者不了解的信息。

非正式的学习环境："什么都不要碰"对决"请你跟在家一样随意"

你有没有想过，为什么传统的教室桌椅一定要那么一排一排地摆，并且总是朝同一个方向？这么做不是因为可以达到更好的学习效果，而是为了方便打扫！过去，把桌椅平均摆成几排会让教室的打扫工作变得更容易。但今天的情况可能不完全是这样了，因为这么多年都是这么做的，许多老师或培训师可能都意识不到还有许多比剧院式更有效的座椅布置方式，不一定每个人都要像观众面向舞台上的演员一样面向导师或者幻灯片。

这种正式的学习环境所暗含的信息跟传统教学法中以及敌对型大脑表现出来的情形一样："坐下，脸朝前，保持安静，不要乱动，不要跟人交头接耳，看着老师，听讲！听讲！听讲！"正式的学习环境有一种"什么都不要碰"的感觉。

与之形成鲜明对比的是，大脑友好型的非正式学习环境有一种无拘无束的感觉：桌椅围成一个圈，五颜六色的纸笔，每个组都有许多种涂写材料，墙上挂着海报，教室里放着音乐，有可能教室一角还放着一些零食和饮料。教室里到处都是视觉上的刺激，让整个教室看起来很好客、很友好、很有趣。这种学习环境传递出来的信息非常不一样："请你跟在家一样随意，到处走走，自取所需，跟人说说话，讨论讨论，教教别人，也从别人那儿学点东西。"

尽管非正式的学习环境不一定能保证培训一定是大脑友好型的，但是它的确跟大脑学习的原理更协调。唐纳德·芬克在《闭上嘴教课》一书中建议我们："让整个教室说起话来……（培训师）要想激发活跃的讨论气氛，应该先把学员的桌椅围成一个圈，把教室前面的地方留出来，自己坐在椅子上。"（第 116～117 页）"当学习环境抓住学员的兴趣、吸引学员的注意力时，学习效率会更高，这中间是有关联的，需要学员采取行动来配合……我们应该告诉大家，学习不仅有知识性的一面，也有情感性的一面，（这样）学员才会全身心地投入到学习中——或者用术语来讲，学员会在认知上和情感上同学习过程建立联系。"（奎恩，2005 年，第 10、12 页）

1 分钟概念复习

比较和对比

思考一下，在你读本书之前，对于人的学习活动你做过哪些假设或了解过哪些假设。把你前后学习的比较和对比情况用简单的几句话写下来，也就是说，把你曾经学到的关于学习和培训的知识跟大脑科学研究所讲的做一对比。有什么相似性？有什么不同点？当前的研究中有没有什么东西是让你很吃惊的？你还有什么问题？

实用练习

现在让我们把其中一些概念运用到你的实际培训课程中。记住，我们的目标是创造对学员有益的大脑友好型培训。在这个实用练习中你可以做许多有用的事：

- **对于初级培训师。**读一读下列的第一步清单，选择一种策略试用于你的下堂培训课。在试用的同时做好记录，看看它是怎么发挥作用的，并且看看你能不能做点什么改进从而让它更有效率。然后再选一种策略，直到你觉得完全掌握为止。
- **对于有资历的培训师。**读一读下列的第二步清单，选择 2 种或者 2 种以上的策略试用。这些策略比起第一步里的更有挑战性。记录一下它们的效果以及你可能做出的改进。
- **让需求引导你。**首先你要明确在培训中亟须解决什么问题，然后再跳过第一步和后面的步骤，选择一种或几种能够解决该问题的方法。例如，你可能觉得你的培训课上需要增加更多的互动讨论，你就挑选一些能够让学员互相讨论的活动。

- **让兴趣引导你。**略读下列清单。选择一个能引起你兴趣与好奇心的方法，然后用于你的下一次培训，并记下试用结果。

以下就是在培训中使用大脑友好型要素的第一步清单：

1. **变换一下教室环境。**环顾教室一周，记下自己的感受。你的目的是要让环境感觉友好、随意，有好客感。重新布置一下桌椅，让学员能够面对面轻松地交流。增添一些明快的色彩（如墙上的图表、五颜六色的纸跟马克笔等）形成对视觉注意力的刺激。在课程开始前播放一点欢快的背景音乐，在教室入口放上一个醒目的欢迎标志。
2. **缩短直接教学的时间。**把学习内容、学习材料分割成几个单元，每个单元为 10～20 分钟的直接教学过程。如果你对每个单元的时间把握不是很准，记得计好时。你可以请一个学员提醒你时间，这样你讲课的时间就不会超时。
3. **利用简短快捷的复习活动让所有学员都参与其中。**在每个教学单元之间，采用本书或《10 分钟培训师》讲的 1 分钟复习策略。这些活动能集中学员的注意力，使其保持更持久的记忆力，还能让大家充分参与。无聊的讲课跟大脑友好型的教学之间有着天壤之别。
4. **将复习活动多样化。**即使活动开展得很好玩，如果一遍又一遍地做也会让人厌倦。把互动方式搞得多样化，这样大家每次在复习时都能感到有些许新鲜感。
5. **使用概念图。**从本书第二部分选择一种记笔记的工具。不再采用分发幻灯片影印稿的方式，而是给每位学员提供一个概念图，提醒他们在上面做笔记。在直接教学的过程中时不时停顿一下，给大家一些时间做笔记。

以下是给有资历的培训师准备的第二步清单：

1. **从培训一开始就把焦点放在学员身上，而不是自己。**简单来说，这意味着当学员参与到有意义的联系、总结活动中时你要袖手旁观。从本书第一和第四部分找一些有用的策略。
2. **直接教学过程从学员讨论开始，以学员讨论完结。**在每个讲课单元的前后都要让学员开展简短的小组讨论。讨论的内容和时间长短可以有所不同。以下是在学员讨论前你需要讲的说明，供你参考：

- 对于本概念你已知的内容有什么，快速列出来。
- 有什么你想要得到回答的问题，写下来。
- 花 2 分钟总结一下你迄今为止学到的东西。
- 在接下来的 3 分钟里，设计 2 道关于此内容的测试题。
- 比较并对比一下你刚刚学到的内容跟你自己的与之相关的实际经历，有何相同与不同。
- 针对你刚刚学到的内容，快速列出至少 6 个知识点。
- 向所在小组报告你认为学到的东西里哪些是重要的。

3. **把一些内容交给学员来教。**从学员要学的最简单的概念开始。问问你自己："如果我不讲话，如何让他们互教互学呢？"然后，设计一个相应的活动。从本书第二部分选一些创意来帮助你开展活动。记下最有用的策略，然后在整个培训过程中变换不同方式加以运用。
4. **提出一些开放式的问题。**提出一些可能有多种答案的问题，它们的正确答案不止一种（不要提只有一种答案的问题）。在学员开口回答问题前，让大家先充分地讨论一下有哪些可能的答案。给大家提出一个要求："针对这个问题我们需要拿出 6 种答案。"或者："让我看看下一题你们能不能答出至少 3 种答案。"其他的变形还有：

- 找一个搭档，给这个问题找出 2 种答案。
- 以小组为单位，拿出至少 5 种答案。
- 让我们看看全班同学在 1 分钟内能找出几种答案。
- 让我们看看你们每个组在 2 分钟内能给出几种答案。
- 跟你的搭档一起，列出回答这个问题的步骤。

5. **注意发现信息背后的信息。**从观看你自己的互动模式做起，确保模式具有包容性并尊重他人。例如，在跟学员谈话的过程中，你允许他们成为谈话的中心吗？或者说，你会尽可能迅速地把注意力拉回到你身上吗？你允许学员花时间分享自己的个人经历，还是说你会花大量时间讲自己的事，只给学员留出极少的说话时间呢？你会说“让我们讨论一下……”，然后自己开始喋喋不休吗？你会对学员所说的内容进行改述，以此让他们感到你在认真聆听吗？你说话的内容跟你身体的姿态以及语调协调吗？你言语上和非言语上的互动习惯会在学习过程中增强或减弱。学员会捕捉到你传递的信息，即使你没有意识到你传递出了什么信息。一定要注意，记得改变那些跟大脑友好型培训不协调的信息。

6. **袖手旁观，让他们开始学习**。把你的自负关到门外。把你比学员懂得多这个认识抛到脑后。挑战一下自己，找到一些办法去教大家，不要让自己成为大家注意力的焦点。把这个当作选择学习活动的目标，让大家在整个学习过程中充分参与到学习活动中，把学员放在讲台的中央，创造方法让他们在学习中闪光。

总　　结

在《大脑学习原理》（2006 年）一书中，大卫 · 索萨认为，教育者和培训师在创造大脑友好型的学习体验上扮演了重要角色。“教育者（和培训师）唯一要做的事就是每天改变人的大脑思维。”（第 10 页）对我们来说，挑战在于分辨出哪些是有用功，哪些是无用功，然后决定采用哪些新的培训策略，摒弃那些有着糟糕学习体验的策略，不断更新对于人类大脑学习机理的认识，教给别人我们所知的东西。

大脑友好型的培训无非就是围绕人的大脑做教学设计方面的文章。在教室里，我们就是大脑科学的专家。我们去实验，有所发现，然后记录结果，这样别人才能运用我们的学习成果。

知识倚赖参与；参与跟激励密不可分；激励意味着贡献机会。学习是一种参与的行为，我们终其一生都在学习。

——选自杰·克洛斯和学习研究中心的《非正式学习》

1 分钟总结

学习日志

对你认为的本章重点内容进行总结，写在以下空白部分。有哪些是你之前不了解现在了解了的知识？这些知识如何改变了你之前对于学习持有的观念？你认为你会如何使用这些知识？

福利

1分钟总结福利放送：找短语

将后面的短语填入上方对应的横线上。每条短语只能用一次，所以你可以在完成填空后大声读出整个句子看是否合适。如果语义通顺，那么答案就是正确的。

1．按照本书所讲，我最伟大的挑战是

____

____。

2．__________描述了大脑会忽略重复性以及例行事物的能力。

3．大脑友好型培训利用______________________________

____

____。

4．老师主导的、以内容为本的、全靠说教式的培训是

____。

5．电视使我们适应了以______________________获取信息。

6．大脑友好型的培训环境是

____。

短语：

- “小块”时间或者小段时间
- 大脑敌对型的
- 习惯
- 非正式的、有视觉兴趣的、合作性的场所
- 正面的情绪、多重感官的刺激、教学手法的多样性、积极的参与性
- 袖手旁观，让学员可以讲话、互动、互教互学

培训师工具箱

回头再看一遍本章内容，把对你有用的概念和学习活动收集起来。把它们填到下面的工具箱内，然后做个标记方便你日后快速查找。

1 分钟联系练习答案：快速通道

对比下列内容，核对你的答案。还有一个问题需要思考：下次你教课或者培训的时候怎么运用这些知识。

1. 当把**既有感性又有理性的**信息展示给大脑时，大脑学习的效果最好。
2. 对于人类大脑而言，关注某个事情通常是**一种无意的选择**。
3. 注意力会随着学习环境的**变化**而提升，随着学习环境的**不变**而削减。
4. 说教的时间**短**比**长**要好。
5. **当人们自己弄清楚某些事物的时候**会记住更多东西。
6. 为达到最佳学习效果，在大脑或思维沉浸在学习中时，身体应该**活跃**。

第3章　4C法

一种快捷的、惊人高效的教学设计流程

我们所做的，不是，也不会是设计内容。我想与你们达成的唯一一点基本认识就是：我们在设计一种学习体验。

——选自克拉克·奎恩的《参与式学习》

联　　系

仅限1分钟

1分钟联系练习：快速通道

当你创造了一种新的学习体验，可能是一个学习班、一节课、一个工作室、一次演示或一次培训，下列哪句最能描述你所做的事情？把它圈出来，或者把你自己的答案写出来。

- 我就是一股脑儿开始干了，没有什么正式的方案。
- 我用的是曾经学的教学设计模式。
- 我制订自己的教学设计方案，并用于实践。
- 其他人设计了教案，我只是照本宣科。
- 我毫无头绪地去做，从不考虑太多。
- 其他答案：______

你必须明白现在你是怎么设计培训的，这样在学完本章内容之后，你才会知道接下来该做什么，哪里需要改变。本章给你介绍了4C法，

它是包含有四个步骤的教学设计与授课方法。这种方法很简单，只需要花极少的时间就能掌握运用，并且便于记忆。不管你的培训主题是什么，受众是什么情况，也不管在任何时候以任何形式传授知识，你都可以使用这种方法。

许多培训师在设计培训的时候都没有设计正式的流程或环节。还有种情况是，即便他们学到了某种方法，他们也可能不会使用，因为它用起来比较困难，或时机不对，或不容易记住。4C 法是打开问题之门的钥匙。

想象一下……

你正在参加社区大学一个名为“金融投资课”的晚间培训班，培训班是由丹开办的。你走进教室的时候丹迎面欢迎你，并递给你一张卡片，上面写着：“**金融投资的新手，请站在右侧墙边；有投资经验的，请站在左侧墙边。然后请向大家做个自我介绍，谈谈你想从课堂上学到什么。**”随后，两组学员开始介绍交流。你加入了经验较少的那一组，跟周围的新同学交流了几分钟，然后丹让你从对面那一组同学中找一个人做你的搭档。你和搭档以及其他两组搭档一起坐在一张桌子旁，这会是一个有趣的组合：有经验的投资者跟不怎么有经验的投资者坐到了一起。

丹做完自我介绍后，告诉大家每桌为一组，每个小组要快速将桌上的卡片进行分类，卡片上都印了一句关于金融投资方面的话。每个小组须把卡片分成两摞：虚构类和事实类。快速分完卡片后，丹会告诉你接下来要认真听他讲课中透露的信息，这样才能判断刚才分的卡片对不对。他拿出一张有趣的笔记纸，上面标有“概念图”的字样，然后告诉大家在听课的时候可以在上面做笔记。他讲的时候会偶尔停顿一下，给大家留出点时间记笔记，你的小组会核对虚构类与事实类卡片分得是否正确。丹的讲解很简短，快结束的时候，你的小组已经对卡片分类做过几次调整，此外，你也已经在笔记纸上记下了一些学习成果以及入门的投资信息。

随后，丹告诉大家，在接下来的 50 分钟里，大家要把工夫用在教室四周的“概念中心”上，他把大家的注意力转移到紧贴教室四周放置的桌子。每张桌子都有一个编号和名称，例如：1 号桌——股票；2 号桌——债券；3 号桌——共同基金；4 号桌——年金；5 号桌——货币市场。你要加入一个概念中心小组，然后在每个概念中心小组中花 10 分钟的时间学习不同的投资选择，桌上有文字材料、讨论的问题、游戏说明以及一些简短的字谜，供你学习使用。一小时很快就过去了，这一小时里你从一个中心串到另一个中心，参加了一个又一个快速了解各个投资项目的活动。活动最后，大家要一起交流一下从概念中心学到了哪些从前不了解的知识。

在概念中心活动结束之后，丹给每个小组发放了一些打印好的案例研究资料。他讲到，每个小组都是一个金融投资公司，必须要给案例中的人物提供一种投资建议。你的小组要对此开展讨论，对投资建议达成共识，然后向全班展示。全班同学可以对你们小组做出的投资建议进行讨论，并提供一些意见或建议。丹也会给出他的建议。这个练习活动会持续 45 分钟。

最后，在整堂课行将结束之时，丹会告诉你去填写“学习日志”——像是一页日记——记录本堂课你学的内容，对下节课有什么问题，以及你会如何使用今天掌握的新知识。

当你往教室外面走的时候会听到教室里同学们依然兴奋的嗡嗡的交流声，你会意识到这堂培训课经过丹的设计变得完全不同，本来这堂课可能很沉闷无趣，但是现在变得非常有意思，而且自始至终大家都积极参与到了学习中。

让我们倒一下带，看看丹都做了什么让你积极地参与到了 3 小时的培训课当中。他使用了一种叫作 4C 法的充满活力的教学手法：

1. 你把培训主题和“你站哪边”以及“虚构类与事实类分类游戏”的活动建立了有趣的**联系**（Connections）。
2. 你在学习一系列投资**概念**（Concepts）的时候亲身参与了活动，先是在图片纸上做笔记，后是参加了概念中心的活动。
3. 你同所在的小组讨论并对案例做了展示，这种**实用练习**（Concrete

Practice）跟实际生活十分相关，并且很有用。

4. 通过记录学习日志以及评估自己的学习过程，你和其他同学对所学内容做了**总结**（Conclusions）。

概　念

4C 教学设计法对于培训师来说，很容易记住并使用，对于学员而言是一种大脑友好型的教学过程。事实上，它跟其他众多教学设计模式的不同在于：它每一个环节都有设计和实操的指导，手把手地教你。在你设计课程的同时教学过程也就出来了，也就是所谓的二合一法，将设计和教学两个过程天衣无缝地合成一个整体，节省了大量的时间。

以下内容对 4C 法的每一步做了简单描述，并介绍了学员在每一步需要做的事情：

1. **联系（Connections）**。这是培训的开端或者说开场。这一步也可以包含培训的预习时间。在这个环节中，学员把关于主题已知的与自认为知道的内容联系起来。他们还要把将要学习的内容与想要向培训班同学学习的内容以及老师你联系起来。本书第一部分会详细介绍这一环节，同时准备了 15 种练习联系的活动。
2. **概念（Concepts）**。这是培训当中直接教学、讲课和演示的部分。在概念环节，学员通过多重感官的途径吸收新信息，包括听、看、讨论、写、思考、想象、参与以及互教互学。本书第二部分会为你详细介绍概念环节的内容，同时提供了 20 种学习活动。
3. **实用练习（Concrete Practice）**。在传授知识之后通常有一个积极的复习活动。在实用练习环节，学员会利用新学的知识积极地练习新技能，参加到复习所学知识的活动中，互相教一教自己掌握的知识和可以实际运用的技能。本书第三部分会详细介绍这一环节，并提供了 15 种学习活动。

4. **总结（Conclusions）**。这是培训的总结和收官环节。它也可以把培训后的扫尾时间含进去。在总结环节，学员会对所学知识做一个总结，并对自己的学习过程做个评估，并做出自我承诺：将在今后的实际生活中加以运用，最后会对自己完成整个学习过程做个小小的鼓励和庆祝。本书第四部分会详细介绍这一环节，并提供了 15 种学习活动。

4C 法与快捷学习

4C 的教学设计与授课方法扎根于教育学和心理学方面的研究，这方面的研究最早开始于 20 世纪中叶。最近几十年来，神经学领域的一些研究成果，加上学习方式、学习模式以及多元智能方面的革新，都促使形成了一种新的教学和培训方法，叫作快捷学习法（国际学习联盟，《快捷学习法的历史》，www.ialearn.org.alhistory.php）。

大卫・梅耶尔是快捷学习中心的导师，这个学习中心坐落于威斯康星州的日内瓦湖，梅耶尔在他的《快捷学习手册》（2000 年）一书中综合了过去五年对于快捷学习研究的精华。按照梅耶尔的认识，快捷学习法的主要宗旨如下：

- 学习的过程不仅需要大脑参与，也需要身体参与。
- 学习的本质是一种创造性的行为，不是消化信息的过程。
- 学习会在人的大脑内的多个层次同时进行，不是一种线性的、一次干一件事的大脑活动。
- 学习过程中合作会加深，孤立与竞争会消减。
- 学习需要积极的行动以及思考与反馈的时间，而不是被动地听讲。
- 积极的情绪和头脑中的画面感会提升学习水平。缺少两者的学习效果会大打折扣。（第 9 ~ 10 页）

因此，快捷学习法是一种大脑友好型的教学和学习方法。之前我们讲过的大脑友好型培训的要素跟快捷学习法的要素是一致的（为了给大家做个提醒已列在下面）：

1. 积极的情绪体验。

2. 多重感官的刺激与新奇事物。

3. 丰富多彩的教学策略。

4. 积极活跃的参与性与合作性。

5. 非正式的学习环境。

基于快捷学习法的研究，以及他人在教育学、心理学领域的研究，我们提出了包含四个步骤的教学设计与授课方法，通过这种方法人们能达到最佳学习效果。许多教育工作者和培训师都针对自己的课程和学员特点适当做了些调整，采用了这种模式。

在书中，梅耶尔把这种模式称为“四阶段学习圈”，每一阶段标注如下。

- 第一阶段：准备——培养兴趣，学习开场。
- 第二阶段：演示——见识新知识、新技能。
- 第三阶段：练习——整合所学的东西。
- 第四阶段：实践——将新知识、新技能用于实践。

在《10 分钟培训师》一书中我把这种模式称为“培训图”，并把这四步标注如下。

- 第一步：建立联系。
- 第二步：阐释概念。
- 第三步：练习技能。
- 第四步：总结学习。

本书 4C 法是我对原有研究改编后的成果，每一步的标签更简化，方便记忆与运用。

我之所以这么说是因为标签有助于你记住设计与授课过程。每一步叫什么并不十分紧要，事实上，当你对这种模式驾轻就熟的时候，没准儿你还能创造出自己版本的名称，不仅能满足作为培训师的你的教学体验，还能满足学员的学习需求。在我对培训师进行培训的课程中，许多培训师都把 4C 的四个英文单词简化为 C1、C2、C3、C4，一样管用。

在《快捷学习课程打造法》（1999 年，第 19 页）一书中，汤姆 · 梅耶尔这样总结这四个步骤："这种四步模式具有普适性，不管对于儿童、青少年，还是工作的人，所有年龄都适用。只要在一个培训课上四个步骤呈现的形式具有一致性，那么就会达到快捷高效的学习效果。"

试试这个

抓取快捷学习法的信息。如果你有兴趣了解更多 20 世纪对快捷学习法以及大脑科学方面的研究，你可以上网搜索以下关键词，看看你能发现什么：

- 快捷学习法
- 以大脑为本的学习和培训
- 大脑友好型的学习和培训
- 学习圈
- 认知神经科学和学习

网上关于快捷学习法最好的资料在快捷学习法的官方网站：www.alcenter.com。你会找到免费的小妙招以及最棒的一种参考工具：《快捷学习课程打造法》（1999 年）。该书由快捷学习中心的主任汤姆·梅耶尔主编完成，包含了上百种有用的学习活动，以及几十种四步教学设计与授课法的实例。

培训设计与授课提醒

以下内容是一些关于培训设计与授课模式的建议，你在实践中试用的时候务必留意：

- **要有从最后开始的概念**。这条提醒来自史蒂芬·柯维的《高效能人士的七个习惯》（2004 年），对于高效的培训也同样适用。你希望学员通过学习能够做到什么？换句话说，在培训结束后你的学员能有什么样的**行为表现**呈现给你（或者公司、机构），或者说他们能达到什么学习目的，收获什么学习成果？把预想的结果列出来，然后把列出来的东西同培训过程紧紧连在一起。例如一种可以看到的学习成果就是：在一个病虫防害培训课上，老师会向大家**演示**喷洒杀虫剂的程序。一种不可见的学习结果是学员**知道**了喷洒程序（但不一定会操作）。关于记录高效学习成果的更多详细的内容，请参阅本书“从最后开始：取得学习成果的新方法”一章。

- **只教应知应会的知识**。对于学员来说有一个最大的挑战：从乐于了解的信息中甄别出应知应会的概念。学员中有一种非常普遍的现象，他们会认为所有概念上的细节都同等重要，并且必须学会。这里有一个例子：在使用一个新的数据库软件时，公司员工需要知道怎么登陆、怎么注销以及什么时候更换安全密码，这些都是很重要的信息，不了解这些信息工作就无法开展。同一个例子里，非必要的信息是什么呢？可能是公司启用新的数据库软件的原因，新软件比旧软件有哪些优势。针对你的培训课程，你问问自己：“**学员要把工作干得更好或者改善自己的生活要掌握哪些必备的知识？**”再问得具体些：“**有哪些东西是员工们必须知道的，如果不了解就会失去饭碗？**”你需要把这一类信息设计到 4C 法中的概念环节。你可以把学员乐于了解的信息印到发放的学习材料中，或者等讲课时间有富余的时候拿出来讲。
- **灵活设计**。其实如何组合各个环节没有太大关系。有些培训师喜欢按照列出所有概念、组织练习活动、开展联系活动、总结这样的顺序来做。有些培训师喜欢按照顺序来，从联系活动开始依次往下进行后续的三个环节。还有一些培训师围绕一系列教学活动开展头脑风暴，然后从中选择一部分放到自己的教学设计方案中。你可以从最感兴趣或感觉最难的环节入手，也可以从你觉得有想法的信息、活动上开始。
- **玩好组合游戏**。当你把所有的设计元素聚集起来后，在你最终决定如何把每个元素用于各个环节之前，你会面临各种各样的选择。一种方式是，你可以把所有跟主题高度关联的概念以及活动分别写在不同的纸上或者便笺上，然后来回挪动纸片，把需要采用的放在一起，不需要的撤走。例如，有个游戏你很喜欢，但是放在课上的话或许时间不够用，或许跟要讲的概念不是很搭，那么就不要把这个游戏放到培训中，把它留给今后的培训。还有一个例子：在一次客户服务的培训中，让学员通过角色扮演的活动练习客户服务程序是合理的。如果不对课程的第一讲内容进行复习直接进入第二讲服务要点流程就不是很合理。把跟学习成果无关的概念列入培训内容也是不合理的。一定记住，每个概念、每种活动都是服务于学习成果的。

- **把握好流程。**一旦你决定使用哪些元素了，一定要想象一下如何把这些元素组合在一起，如何使这些元素紧密结合，环环相扣走下去。假如它们组合在一起显得不是那么紧密或者有点碎裂，一定要改变组合方式，使每个步骤都紧密相连。为此，你甚至可以改变各个步骤的顺序，以期达到更好的效果。举个例子，你或许可以从联系开始，然后在概念与实用练习间翻来覆去地加入一些内容。最后利用一些总结活动给培训收尾。这儿有一个更具体的例子：在一次找工作的培训中，学员首先决定他们想要申请什么样的工作（联系），然后他们开始学习并练习如何申请这个工作，诸如写简历、打电话约谈、参加面试、跟踪结果等（概念和实用练习都在这里）。最后，大家去经历一次真实的面试，然后看自己做得怎么样（总结）。
- **按序授课。**一旦你把四个步骤都设计好了，每一步都有学员参与的活动，你就可以按照步骤一步一步地开始授课了：联系、概念、实用练习、总结。我前面也提到过，有的时候你可以在两个步骤间调

整顺序，或者将两个步骤整合为一个步骤（通常情况下概念和实用练习合二为一效果比较好）。这样做完全可以。尽管如此，通常来说，你的授课过程还是要按一定的顺序来。每个步骤用时如何由许多因素决定，如培训的总时长、授课的信息量、组的大小、已有的资料、具体的学习成果。

- **知无不尽**。要考虑让你的学员自己把一部分内容教给同学。也要让他们尽可能多地自己主导开展一些复习活动。经过一点点准备（第一、二、三、四部分有相关内容），你就会对学员互教互学的效率之高惊讶不已。
- **哪里不对改哪里**。有句话叫作“没有什么永远管用”，这对于教学设计来说也是一条真理。尽管 4C 法对于大多数人在大多数时间里都是管用的，但是有时候设计再完美的培训也会出现出其不意的状况。设计得要有点弹性，在你需要时能够随时更改。
- **袖手旁观，让大家自己学习**。时刻提醒你自己，学员说得越多（可以解读为：讨论、记写、活动、创造、提问、参与、练习、互教互学），他们学习的欲望就更强。确保你在教学设计与授课方案中为他们亲身参与活动创造了足够多的机会。

实用练习

10分钟概念练习

家庭作业

让我们做一个4C法的实践练习，主题是你教的内容。如果你决定做这个活动，那么请你给自己留出10分钟，之所以做这个10分钟的练习是因为在活动结束后，你会：

- **完成**一个教学设计片段，下次培训的时候你就可以使用。
- 利用对你有意义的材料**体验**了教学设计过程。
- 当你下次需要使用的时候可以轻松**复制**这个过程。
- 当同事们问起你如何设计培训时可以**对答如流**。

为做好这个练习，你需要一沓卡片或便笺，以及5张空白的表格纸、一支签字笔或铅笔。你把材料准备好以后，就可以按照下面的步骤开始练习了（部分步骤在本章前面出现过）：

1. 在一张大大的纸上印上"培训主题与学习成果"几个大字。然后把4C法的每一步"联系、概念、实用练习、总结"印在不同的纸上，把几页纸放在你面前的桌上。
2. 想一下你所教的主题内容是什么。例如，你的主题可能是客户服务技能、公司数据库软件使用方法、新员工入职培训、工作安全知识、领导力建设等。在每张卡片上写出一个培训主题，把它放在"培训主题与学习成果"的标签纸上。（例如，本章开头举的丹先生的金融投资培训班的例子，其主题卡片叫作"金融投资简介"。）
3. **要有从最后开始的概念**。想一想学习的目的是什么，即培训结束之后你期望看到学员在行为上有哪些实实在在的变化？尽管同一主题的培训可能产生不同的学习成果，那么现在就先选一个。你可以随后再把其他成果写出来。记住：学习成果必须是可以用眼睛看到的实实在在的行为，所以不要用“知道”“理解”“学到”这样的词。把学习成果写在另一张卡片上，把它放在“培训主题和学习成果”那张纸的下面。从此时起，你所做的任何事都跟这个学习成果紧密相连。（在丹的学习成果卡片是这样写的：定义并解释 5 种投资形式。）

4. **只教应知应会的知识。**写下几个跟主题有关的概念，一张卡片上写一个。把这些卡片放在“概念”标签纸上。这些是你要在培训中讲到的大家必须了解的知识。（在丹的“概念”卡片上写的是“通览一下所有的投资形式，一般的投资形式有股票、债券、年金、共同基金、货币市场——分别进行定义、描述与举例”。）
5. **灵活设计。**在你教授这些概念的同时想一想怎么让学员参与到学习中来。把想到的主意略记在卡片上，把卡片放在“概念”标签纸上，与“概念”卡片并排放在一起。至于学习活动可以是你以前用过的，可以是你见其他培训师用过的，也可以是本书第二部分列出来的。（在丹的培训里，这些卡片上写的是“概念图笔记页；概念中心”。这两种联系活动都来自本书第二部分。）
6. 填写 1~2 张实用练习卡片，把它们放在“实用练习”标签纸上。记住，这些技能练习和复习活动是紧随“概念”环节后进行的。你可以采用本书第三部分教你的技能练习活动。（在丹的实用练习卡片上写道：“小组案例研究讨论；小组向全班同学演示；全班同学讨论。”）
7. 好了，现在你有“概念”和“实用练习”两个部分的练习方案了，然后把思维回到培训的最开始。想一想跟主题有关的联系，想一想学员在培训开场需要建立哪些联系。同样，这时你也可以选用以前用过的活动，或者你见过的，或者书中第一部分学到的。把你的活动要点记在卡片上，然后放在“联系”标签纸上。如果你的时间充裕，可以选择一种或几种活动。（在丹的卡片上是这么写的：“你站哪边；虚构类与事实类分类游戏。”这些都是本书第一部分教的活动。）

8. 想一想怎么让学员总结、评估、使用他们学到的内容。利用一两张卡片描述“总结”环节的要素，把它们放在“总结”标签纸上。（在丹的卡片上是这样写的：“学习日志。”——本书第四部分教的。）

9. **玩好组合游戏，把握好流程**。想象一下怎么把4C法的概念、活动一步一步精心编排起来。站在学员的角度想象一下，每一步实施的时候感受如何。看看下面的问题，问问自己，是否有必要调整一下前面的卡片：

- **为了使流程中每步的衔接都更容易、顺畅，我还能做点什么呢？**
- **我确实只是教了应知应会知识吗？**
- **所有的环节都跟学习成果紧密相连吗？**
- **每个环节学员都参与到了吗？**

10. **按序授课**。现在你把一切都安排好了，把标签纸和卡片按照整个流程的顺序摆好：主题和学习成果、联系、概念、实用练习、总结。

11. **知无不尽，然后袖手旁观，让大家开始学习**。这就足矣！

现在你的所有设计工作都告一段落了。剩下需要完成的工作就是把培训设计内容转换为一张实际的表格为你所用。把设计内容敲进计算机，打印出来，在纸上画上表格，把卡片按顺序摞起来放在相应的格子里，拟一个授课流程的脚本——做任何你觉得对你即将开始的培训有用的事。你同样需要把后面的细节也都列出来：培训材料、幻灯片、下发的学习材料、时间表以及其他所有培训要有的东西。到此为止，

> 你已经在非常短的时间里创造了一个大脑友好型的培训，可以让学员参与到整个培训过程中。拍拍自己的后背，给自己鼓鼓劲儿。然后就开始你的培训吧，记得记下培训结果。

总　结

本章已经向你展示了 4C 教学设计与授课方法的全貌。由于这种模式是基于快捷学习法而来，所以这是一种大脑友好型以及全脑开发的培训方法。这种方法能确保学员参与到整个学习过程中，这样会增进学员对所学内容的记忆力以及实际运用的能力。

学习完本章内容后你会有如下收获：

- 4C 法的参考指南和设计工作辅助
- 设计你自己培训的 4C 法模板
- 4C 法课程实例
- 4C 法网上研讨会实例
- 4C 法计算机自学课程实例

本书剩下的四个部分会对 4C 法四个步骤的具体定义及内容做出详细讲解。此外，这四个部分为你设计 4C 法的每个步骤提供了 65 种教学策略，供你参考。你会发现大量的指南、建议、活动、资料、小贴士等，帮助你使用这种简单的、惊人高效的教学设计方法。

如果所有的学员学习时除了读书、听讲和写作业还能真正参与到（并最终能创造）令人惊叹的全新（学习）世界会怎样呢？

——选自克拉克·奎恩的《参与式学习》

1分钟总结

学习日志

回想一下，以前关于教学设计老师都教给你了些什么。跟现在所学的做个比较，把对比结果写在下面。关于高效教学设计与授课方法有哪些是重要的内容？你如何把4C法应用于你的实际培训当中呢？

培训师工具箱

回顾一下本章内容，看看哪些创意或策略你有可能用于自己的培训中。然后把它们写在这里，这样会加深你的记忆，增大以后使用它们的可能性。不要忘了给本页做个标记。

4C 法教学设计模式

本页是一个参考指南，用以辅助你进行培训设计。当你需要设计一次培训、一次展示、一个工作坊或一堂课的时候你可以用到本页。

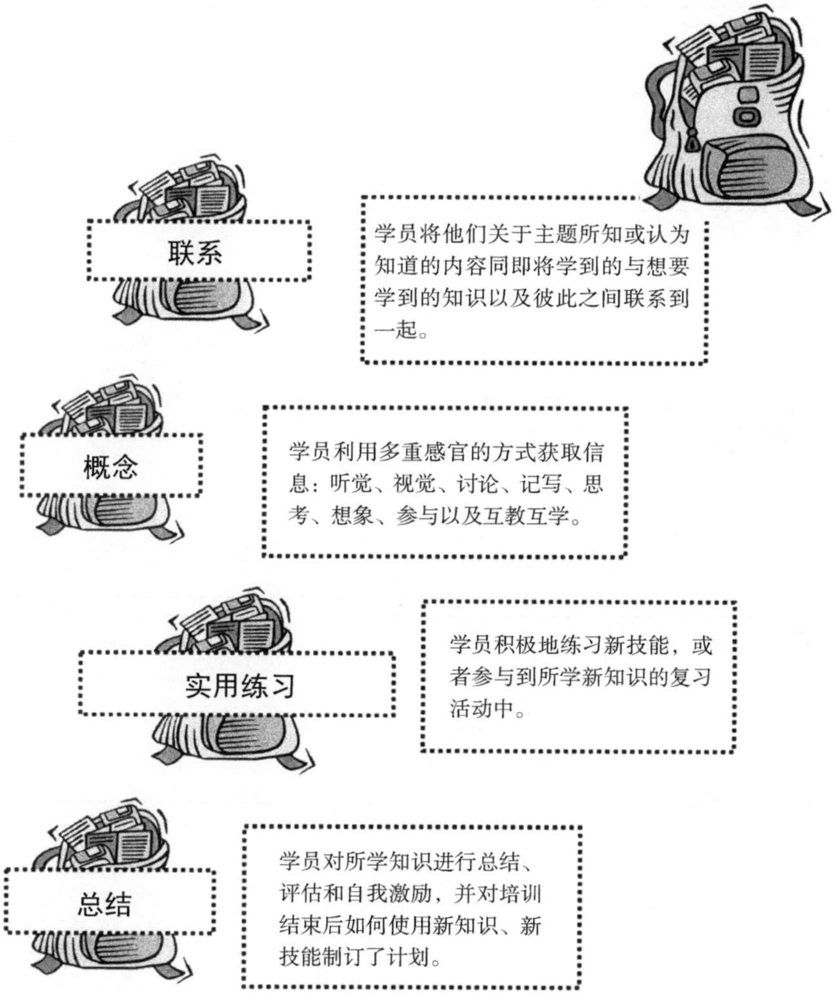

4C 法

培训设计模板

主题：______________________________

学员：____________时长：___________

学习效果：___________________________

____

____

联系

概念

实用练习

总结

注意：下面是在一堂课上实际运用4C法的例子。这个例子来自本章开始部分“想象一下……”中的“丹的金融投资课”。

4C法

培训设计模板

主题：金融投资简介

学员：20个社区大学的学员 **时长**：3小时

学习效果：定义并阐释5种投资方式。

联系

1. 概念：投资经历；金融投资习前知识；学习成果。
2. 学习活动：你站哪边；虚构类和事实类分类游戏。

概念

1. 概念：金融投资总览；五种投资方式总览——股票、债券、年金、共同基金、货币市场。
2. 学习活动：概念图；虚构类和事实类分类游戏（重玩）；概念中心。

实用练习

1. 概念：利用学到的金融投资信息进行情景练习。
2. 学习活动：小组案例研究；小组演示；全班讨论。

总结

1. 概念：对所学知识进行定义、阐释和总结。
2. 学习活动：学习日志。

注意：下面是一个实时的在线培训的例子，视频在线学习的学员使用的是计算机和打印出来的表格，音频在线学习的学员使用的是电话线。

4C 法

培训设计模板

主题：医疗保险入门

学员：12 个新入职的客服代表　**时长：**1 小时

学习效果：阐释医疗保险的目的与历史，能介绍 A、B、C、D 四个医疗保险项目的主要情况。

联系

1. 概念：习前知识——“关于医疗保险项目你知道或听到的 5 个事实”——学习成果；学员的目标。
2. 学习活动：先想后写；记点投票；测前活动。

概念

1. 概念：医疗保险的目的与历史概述；A、B、C、D 四种医疗保险项目的不同之处。
2. 学习活动：填写工作表；快速反应；起立、伸展并讲话。

实用练习

1. 概念：对所学知识的生动复习。
2. 学习活动：虚构类和事实类的分类游戏（用计算机代替卡片）；字谜游戏；全班大讨论。

总结

1. 概念：对所学知识进行阐释与总结；列出所学四种医疗保险项目的主要情况——“如果有人让你写一段关于医疗保险的短新闻，你会怎么写？”
2. 学习活动：撰写新闻报道；测后活动。

注意：这是利用计算机进行自学的课程实例，进度自己掌握，同时采用了计算机化的学习指南与下载的工作表。

4C法

培训设计模板

主题：本地的地下白蚁

学员：自学　**时长：**1小时

学习效果：列举出至少10个关于白蚁的事实，帮助虫害防治专家了解白蚁。

联系

1. 概念：关于白蚁的习前知识；学习成果。
2. 学习活动：网络搜索；猜一猜。

概念

1. 概念：白蚁的学名、白蚁的生理特征、白蚁的习性、白蚁的食物、白蚁的等级制度、白蚁的生命周期、对白蚁进行防治的原因。
2. 学习活动：白蚁成形的概念图以及其他的工作表；争分夺秒；先想后写；弯腰、呼吸与记写。

实用练习

1. 概念：真实生活中虫害防治的小插曲。
2. 学习活动：写下观看动画短片的感受；快速写出字谜游戏的答案。

总结

1. 概念：关于白蚁的事实。
2. 学习活动：学习反馈（会通过电子邮件发给学习督导老师）；测后活动。

第一部分

联　　系

关于联系你需要知道什么

既然大多数学习是社交化的事情，那么为什么不让学员多多互相接触呢？这样能在彼此身上学到更多东西，学习也会因此变得更高效。

——选自杰·克洛斯的《非正式学习》

本章基本概念图

读后，写出每个概念的概要。

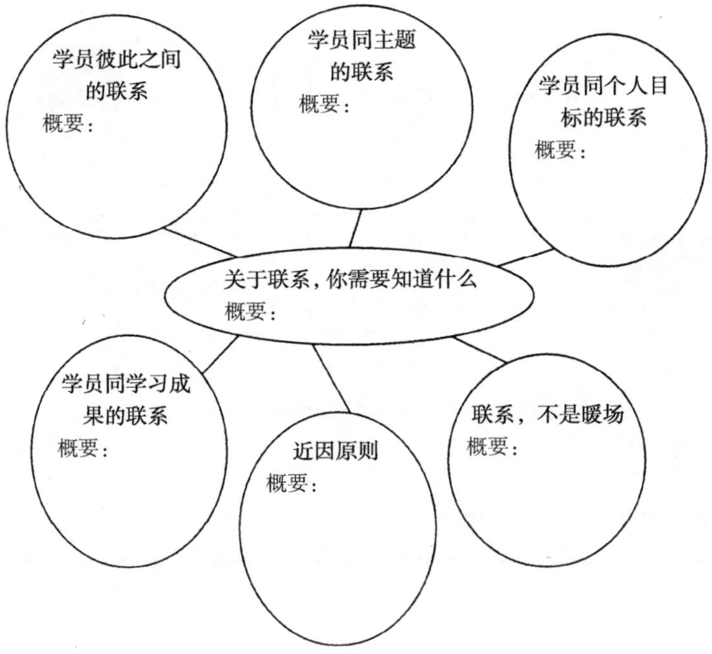

联　　系

仅限1分钟

1 分钟联系练习：快速通道

以下是传统培训课上开场的惯用做法，仔细看看是不是这种情况：

- 培训师欢迎学员的到来并会做自我介绍。
- 培训师告诉大家培训名称、培训主题和学习目标。
- 如果使用幻灯片，培训师会大声宣读幻灯片上显示的培训名称、培训目的与学习目标。
- 培训师宣布课堂纪律与培训须知（课间休息、出入口、卫生间位置、使用手机的规定等）。
- 学员挨个站起来做自我介绍。
- 学员参加一些社交或者熟悉彼此的活动，但这些活动跟培训主题没半点儿关系。

即便不是全部，你可能对上面描述的大部分情景都很熟悉，因为它们或多或少都展现了传统培训课开场的情景。这些都没错，只是它们跟要学的内容没有一点关系。

也并不是说上述做法不应该出现在开场中，它们可以在稍后出现，只是不应该正好在培训一开始就出现。有些更必要的东西应该在一开始就做到，这样学员自踏入教室一开始就参与到了学习中。本章你会了解联系的重要性，学会如何让学员一开始就参与到学习中，以及明白这么做的原因。

想象一下……

你正在参加一场培训，学习公司新购入的数据库软件。这是一门高技术含量的知识，因为培训在计算机实验室进行。由于之前公司发给你一些电子版的学习概要作为培训的热身练习，因此你对课程的大致情况有所了解。你走进实验室，坐在计算机前，等培训师玛丽开讲。但是玛丽并没开口，计算机屏幕上却出现了一行字："请自找三名同事组成一个学习小组，并交流一下来到这里之前从概要里学到了什么。"伴随着有节奏的背景音乐你加入了学习小组，开始跟大家交流你对这个数据库软件所了解到的信息。

几分钟后，玛丽告诉大家把注意力转移到墙上挂的图表上，上面她列出了本次培训的学习成果。她拿出了一些彩色圆点贴纸，并告诉大家接下来要读一下这张表，找出两个自己认为最重要的学习成果，在其旁边粘上圆点贴纸。粘好后，你找一个计算机座位坐下来。你会发现你跟另一名同事坐在一起成为一组学习搭档，共用一台计算机学习新软件。

玛丽又给了大家几分钟时间，让大家跟自己的搭档交流一下刚才自己贴的重要学习成果是什么，为什么选那两个以及你想从培训课上学到什么。

然后玛丽做了整次培训唯一一次自我介绍，她对到目前为止大家的所作所为进行了简要总结，并对即将学习的内容以及其他能够促成本次培训圆满完成的事宜做了介绍。

本次培训的前 10 分钟你都做了什么呢？让我们简要地总结一下：

- **你在头脑中做了一些联系**：把自己所知的内容同你真正想从培训中学到的内容联系到了一起。
- **你同其他同学进行了一些社交联系**：这些联系跟主题也紧密相关。首先是通过选择小组，接着是组成学习搭档。这两次你跟同学讨论的信息都跟主题有关。
- **你用三种不同的方式对学习效果回顾了三次**：自己默读、利用圆点贴纸排序以及跟搭档交流。

尽管你自己没意识到，但你的确参与了三次联系活动：起身选组、记点投票和转身谈话。玛丽等到联系活动全部结束才做培训班整体情况介绍。

概　　念

联系活动是简短的、以学员为主体的开场活动，包含以下四部分要素：

- **将学员以一种积极的、有意义的方式联系到一起**，并且跟主题密切相关。
- **把学员同主题联系到一起**。即把学员已经知道的信息或者认为他们应该知道的信息同即将学习的内容联系到一起。
- **把学员同他们自己的学习目标联系到一起**——他们自己想从培训中学到什么东西。
- **把学员同学习成果联系到一起**——他们在学习完成后有能力做什么。

除此之外，学员也要把培训师同培训环境联系起来。也就是说，学员跟培训师在一起的时候要感到放松、自在，他们认为培训师友好、知识渊博、专业，并且平易近人。同时，学员对这个培训环境也感到舒服，也就是说这个培训环境很友好、不那么严肃正式、视觉上令人放松愉悦、精神上能受到激励。

学员只要踏入教室参加了那几项开场活动，就能在短短几分钟内完成上述联系。因为有了这些联系，学员能快速对所学内容产生兴趣并参与其中，被学习内容深深吸引，学习动力十足，并渴望能学到更多东西。

学员彼此之间的联系

大多数人在彼此成为朋友后比大家还都是陌生人时学习效果更好。这是因为人们在同熟悉的人待在一起会在心理上有种安全感。心理上的安全感是指学员能够：

- **提问。**
- **尝试做某些事。**

- 犯错。
- 表达观点。
- 学习时敢于冒险。

因此，心理上的安全感对于学习过程的确至关重要。

通常来说，一起参加培训的人在工作中也是同事。培训师会假定，既然大家是同事那么也是朋友，或者至少彼此之间是友好的。出于这个假定，培训师可能认为学习集体中的个体之间会有安全感。但情况并不总是如此。

有些地方的工作氛围是很紧张的，竞争氛围要比合作氛围浓，在这样的工作环境中人们学会了掩盖过失，克制自己不发表个人意见或提出问题，并且保守谨慎，怎么安全怎么来，尽量不去冒险。所以当这种工作环境的人聚到一起参加培训时，并不一定自然就有安全感，必须在培训过程中让大家花时间慢慢相处才能把安全感培养起来。

在一个培训项目中，比起学员彼此间简单地做个自我介绍或者分享一些观点，建立心理上的安全感需要做得更加深入。培训中，心理上的安全感意味着，从学员一踏入教室，就会沉浸到有趣的、跟主题密切关联的活动中，这些活动帮助大家形成了一个强大的学习社区，在这个学习社区中，大家通过积极的、有礼有节的方式分享一起学习的共同目标。正如杰·克洛斯在《非正式学习》（2007 年）一书中所说的那样："学习是社交化的事情。我们从别人身上学习，我们通过别人学习，我们跟别人一起学习……对学习这个事情最好的解读就是学习是实践者之间的互动，而不是生产商把知识提供给消费者的过程。"

学员同主题的联系

不管学员的年龄、文化，还是性别如何，都不要带着空空如也的大脑进行学习。作为一名学员，尤其是成人，通常在成长过程中已经形成了一些固有的观念和认识，其中一些观念和认识是对的，有些则不然，但是所有的东西都已经在他们大脑中了。

大部分学员都对许多培训主题有所了解。如果他们不了解某个主题的内容，那么他们也会大概地知道一些现有的包含这个主题的信息。

举个例子，如果培训主题是某个数据库软件，培训对象是新进员工，他可能不知道这个特定的软件，但是也许他之前对别的公司的数据库软件有所了解。或者说，他知道一些在日常应用比较广泛的数据库软件的一些信息。

再举一个例子：商店新雇的一个员工可能在服务顾客方面没有太多经验，但是他在当顾客方面有一大把经验。他会站在顾客的角度利用自己当顾客的经验来服务顾客。

重点就在于，当学员有机会去回顾、讨论或者记下他们对于主题相关所知的（或者认为自己知道的）知识时，他们会学到更多，因为他们在学习过程中会将学到的新知识同旧知识联系到一起，大脑中的学习通道得到了强化。换句话说，大脑中的神经网络在尽可能快地感知到信息时会辨别其是否跟已有的信息相似。“对某个没什么意义的事物保持持久的注意力不仅无聊，而且也几乎是做不到的。”（沃夫）有意义的事是指把新的信息同以前的、更多相似的已知信息联系到一起。

学员同个人目标的联系

我们每个人都有自己的学习原因。从“老板让我参加这个工作室”到“我对这个主题真的很感兴趣”，再到“我正在考虑换个新工作，所以想要学习一切跟新的工作岗位有关的知识”，什么样的都有。

每个走进培训教室的学员都有一个在此学习的原因，即便他可能没有意识到自己思考过这个问题，他也有自己的原因。通过讨论、记录把这些原因归到有意识的层面（“我猜我真的想通过学习成为一个更好的机器操作工”或者“我只是想通过学习让自己的工作更出色”）。大家可以这么做：

- 使自己的学习目标同培训成果保持一致。
- 在头脑中对要从培训中学到什么内容有一个清晰的认识。
- 抛开固有的观念，因为现在他们要专注于他们认为重要的东西，而不只是培训师告诉他们重要的东西。
- 当培训结束时，他们对于所学内容进行阐释的能力得到了加强，因为他们在培训一开始会花时间去思考想学到什么。

正如大卫·梅耶尔在《快捷学习手册》(2000 年）一书中问的那样："学员希望课堂为他做什么？为什么？什么东西会使学习课程真正对学员产生价值？清楚这一点的人越多，就越能把自己同课程联系到一起，就越能对这种关联性形成自己的观点。"（第 30 页）

学员同学习成果的联系

学习成果（也被称作学习目标或者评判标准）是学员在培训结束能够驾驭的知识或能力。学习成果可以用作评判学习成功或者失败的准绳。

传统培训课上经常出现的情况是，培训师迅速把内容灌输给学员，也许是通过展示、解读幻灯片，也许不是。通常来说，培训师不会提到学习成果之类的事情。更糟糕的是，学员依然没有机会去思考成果是什么，更别说跟自己的学习目标统一到一起。

当你给学员提供机会谈论学习成果时，学员不仅知道他们在培训结束后能做什么，并且会意识到有更好的机会达成那个目标。不仅如此，学员还会对培训课程拥有更高的认同度，因为他们有机会将明示的学习成果同个人学习目标结合到一起。但是学员仅仅通过听课或是安静地看一些项目编号列表是无法建立这种联系的。学员必须对这些幻灯片上的列表做点什么：讨论讨论、评估一下、做个排序、增加点儿内容、争辩一下、编辑一下或者创造属于自己的列表。

学习成果也可以在培训期间当作一种周期性的衡量标准。除了在培训之初学员可以对培训成果有一个生动的认识，在整个培训的不同时期学员都可以对其进行温习——有点像看路标——看看自己身处学习之旅的何处。把学习成果整合到培训整体过程中是一件更有意思、更有效率的评估方式，帮助学员在培训进行期间评估自己的学习效果。当学员这么做的时候，大家都会对当前所学的知识有一种直观的感受，就会明白还需要学些什么，以及学到的东西有多少能用于今后自己的实际生活与工作中。

1 分钟概念复习

填空练习

将下面的句子填写完整，然后核对答案。

在培训开始的时候，学员应该：

1. 以积极和有意义的方式同____ ____联系到一起，这些方式跟培训主题密切相关。
2. 把____和他们已经知道的或认为自己知道的，以及即将学到的知识联系到一起。
3. 把他们自己的____ ____同他们自身想在培训中学到的东西联系到一起。
4. 把____ ____同培训后有能力做到的事情联系到一起。

下面是参考答案，看看你能答对几道？

1. 以积极和有意义的方式同<u>其他 学员</u>联系到一起，这些方式跟培训主题密切相关。
2. 把<u>培训主题</u>和他们已经知道的或认为自己知道的，以及即将学到的知识联系到一起。

> 3. 把他们自己的学习 目标同他们自身想在培训中学到的东西联系到一起。
>
> 4. 把学习 成果同培训后有能力做到的事情联系到一起。

近因原则

还记得最近一次度假吗？度假中的哪段时光让你最怀念？度假刚开始、中间还是最后？听到或读过什么样的故事？还有，哪些记忆的片段从脑海中蹦出来？那段经历是怎么开始的，又是怎么画上句号的呢？现在回忆一下之前你的一次正式学习的经历——课堂、工作坊、会议、演示或培训。有哪些东西会从你脑海中跳出来？

相比于学习经历的中间部分发生的种种，大多数人都更容易记起来学习过程中开头与结尾的事情。不仅如此，比起平庸常见的开头与结尾，人们还会将非同寻常、标新立异的开头与结尾记得更长久。大卫·苏萨在《大脑学习原理》（2006 年）一书中写道："在一段学习经历中，我们最容易记住最开始的内容，其次是最后的内容，最后才是中间部分的内容。"

近因原则提醒大家，一般我们都更容易记住培训最开始和结束时的内容，远远超过对培训中间内容的记忆，尤其当开头和结尾还不是培训师惯用的方式时。不管何时你想让开场或结尾活动变得更加具有互动性、更加让人难忘——这些活动能创造有趣、相关的联系——开场和结尾都是整个学习过程的重要组成部分。

你从本章开始"快速通道"活动学到的内容可以看出，大部分培训项目从培训须知类的琐碎细节开始——培训项目头几分钟需要提到但不是必知的信息。把"珍贵"的头几分钟放在入门介绍、日程、概论等这类事情上是对宝贵**学习**时间的一种浪费。你在学员参与过一些有意义的、与主题密切相关的开场活动**之后**简单介绍这些细节即可，而不是在活动之前。

试试这个

用谷歌搜一下。谷歌既是一个名词（互联网搜索工具的名称），通常也被当作“计算机用语”的动词（谷歌一下意思就是使用关键词或你想要知道的概念在 www.google.com 搜索相关信息）。

如果你有兴趣学到更多内容，你可以谷歌一下“近因原则”，快速通读一下 22 000 个与这个概念相关文章的标题。利用参与式的活动或将学员同培训概念相关联的活动开启或结束一场培训很重要，你谷歌后读到的内容会强化这一重要性。

联系，不是暖场

联系活动不是暖场，至少不是大多数培训师定义或使用的暖场的含义。暖场通常是一种跟培训主题毫无关系的开场活动。是的，暖场的组织者希望大家通过社交活动快速熟悉彼此，以便在学习过程中能有心理上的安全感。但是，因为许多暖场组织者的暖场跟培训主题或概念没半点关系，所以他们做的事情就是在浪费宝贵的学习时间。更有甚者，有许多培训师需要在较短时间里讲授大量内容的时候，会直奔主题，连暖场都没有。

从另一面说，联系把学员彼此之间联系到一起，把学员同培训主题和培训概念联系到一起。当开场活动是一种联系活动时，它就是整个学习过程的一个有益补充。

举一个大家司空见惯的、跟主题无关的暖场活动，很多培训师都用过，叫“两真话、一谎话”。怎么做呢？学员要讲三句关于自己的话，其中两句为真，一句为假，其余的人要猜哪句话是真的，哪句话是假的。这个活动好玩吗？好玩。有趣吗？也许。跟学习内容有关吗？没有。为了让这个暖场活动变成一个联系活动，可以让学员围绕培训主题来讲（如“使用这个数据库软件的时候，你每月都要更新一次密码”），或者可以让学员把自己跟主题联系到一起讲（如“这个数据库软件我已经用了 13 年了”）。好了，现在这个活动把学员同培训主题联系到一起了，也把彼此联系到一起了。

再次强调，社交性的暖场活动在培训中有立足之地。哪怕这些活动对大家学习相关的主题没什么帮助，大家彼此之间也建立了某种社交关系。当大家在彼此交往中感到自在了，他们就会更愿意去提问、表达观点和犯错。如果你有宝贵的时间开展暖场活动，很好。但是如果你在相当有限的时间里有大量的培训内容，那就把你准备开展的暖场活动转化到联系活动中，这样学员既能联系主题又能联系彼此。

实用练习

本书此部分给你提供了 15 种联系活动，你可以从中挑选一种或几种用于你今后的培训课中。

你可以试用一下这些活动，并对它们进行分类，再做些适当的修改来满足学员的需求。当你知道哪种活动对你的学员效果最佳时，就把它吸收到你的培训中，把它当作你培训的规定动作。

这些活动分为三类，以下是分类情况以及每一类的名字和简介：

- **5 种热身活动（培训前）：专家访谈、网络搜索、寻宝游戏、大众与个人调查、突击测试。**这些活动一般在培训开始前的一个星期左右进行，可以激发学员的好奇心、兴趣以及培训概念的参与性。
- **5 种快速通道活动：记点投票、先想后写、贴纸活动、转身谈话、猜一猜。**这些活动让学员自踏入教室那一刻起就参与到了学习中，通常简短快捷，只有 1 ~ 2 分钟。
- **5 种开场活动：站立调查、墙上涂写、桌上讨论、你站在哪边、翻转卡片。**这些活动使学员更久地参与到培训的开始阶段，通常持续 5 ~ 10 分钟。

1分钟实用练习

贴标签

你能分辨出4C法“联系”环节的组成部分吗？给每个开场活动贴上对应部分的标签。有些活动可能含有不止一项，然后核对你的答案。

“联系”组成

1. 把学员彼此之间联系起来。
2. 把学员同培训主题联系起来。
3. 把学员同个人目标联系起来。
4. 把学员同学习成果联系起来。

开场活动

A. 学员在便笺上填写“这里为我准备了什么”，表达他们想学到的内容。然后把便笺粘到墙上的图表上以便在学习结束后回顾。数字为：________

B. 学员做了一次站立调查，即在教室内到处走动询问其他同学对于培训主题都知道哪些内容。当回到自己的小组后报告调查的结果。数字为：________

C. 学员在卡片上做快问快写的活动，把各自知道的关于主题的内容写在卡片上，至少写出三条。然后把自己写的卡片读给邻座的人听。数字为：________

D. 学员在读完墙上学习成果的图表后，两两分组进行讨论，并对认为最重要的学习成果达成共识。每组用一个颜色鲜艳的马克笔把它们认定的学习成果圈起来。数字为：________

E. 学员站成几组，讨论想要学到什么内容以及下发的学习材料上列出的哪种学习成果跟自己的个人目标最吻合。数字为：

____

F. 学员在培训前填写完成一个调查，表明他们对这个主题都知道哪些内容、想要从培训中学到些什么，针对主题提出一些自己关心的问题。数字为：________

下面是参考答案，核对一下你的答案。如果你全部答对，给自己一个大大的喝彩！

A. 3 把学员同个人目标联系起来

B. 1、2 把学员彼此之间以及同培训主题联系起来。

C. 1、2 把学员彼此之间以及同培训主题联系起来。

D. 1、4 把学员彼此之间以及同学习成果联系起来。

E. 1、3、4 把学员彼此之间以及同个人目标、学习成果联系起来。

F. 2、3 把学员同培训主题以及个人目标联系起来。

总　结

开场是把学员彼此之间，学员同培训主题、个人目标以及学习成果联系到一起的重要时机。任何开场活动，只要缺少一种或者几种这些组成要素，都是在浪费**学习**时间。如果培训的焦点真的是在学习上，那么就要把联系放在首位，把开场活动标准化——入门介绍、宣布日程、课务须知等内容要放在其次。

从现在开始，在你的培训课上，你要把入门介绍、目标、日程、通知事宜、课堂须知以及其他跟学习无关的细节信息放在联系活动**之后**讲。当学员在做联系活动时，你要走到他们中间听听他们的对话。因为在开场活动中学员把注意力都放在彼此身上而**不是你身上**，所以你完全没必要站在教室前面。这简直是开启学习之旅的革命性改变！

正如我们生活和工作时一样，我们学习时也要身处与别人交往的环境。认清这个事实是你走向高效学习的第一步。

——选自杰·克洛斯的《非正式学习》

1 分钟总结

学习日志

在你看来，在本章学到的最重要的东西是什么？通过学习，你觉得自己的开场活动有没有一两个地方能够做出改变，让培训过程更加“大脑友好”？

福利

1 分钟总结福利放送：卡片分类

让我们做个快速活动检查一下你对本章内容的理解程度。你面前的这一页上有两类卡片：一类是有效开场；另一类是无效开场。卡片是随机放的，把类别名称同属于该类别的卡片画线连起来，然后核对你的答案。

卡片

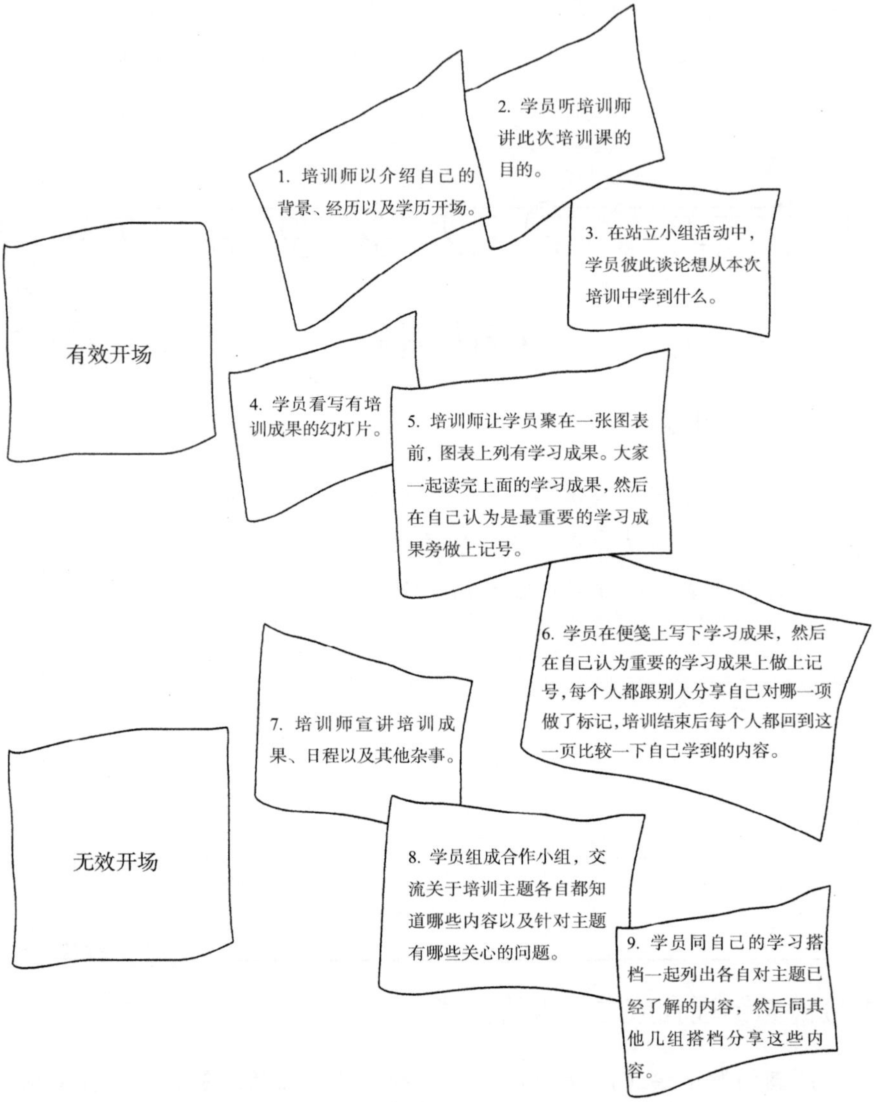

请到下一页核对答案。

参考答案：3 号、5 号、6 号、8 号和 9 号卡片属于有效开场；1 号、2 号、4 号和 7 号卡片属于无效开场。现在你是联系专家了！

培训师工具箱

完成其他几章的学习后，回到本章看看有没有什么东西可以用于以后自己的培训。把这些内容记在下面，为了以后方便查找记得做上标记。

联系：热身活动

热身活动是什么

热身活动是培训前进行的一种活动，一般在培训正式开始前的一个礼拜左右让学员来做。热身活动也叫作预曝光，通过这种方式，学员对要学习的主题和概念进行预先的感知，逐渐培养兴趣。热身活动创造了一种用来表达跟主题有关的词汇、短语的通用语言，当学员参加正式培训时就可以运用这门语言。热身活动也可以用作培训前、后的评估手段，通过热身活动学员可以将培训前了解的内容同培训结束后学到的东西做一比较。事实上，热身活动就是大脑的起床铃，告诉大脑做好准备，开始学习了。

热身活动能干什么

学员通过做不同的热身活动，能够：

- **开始**收集跟培训主题有关的信息。
- **丰富**自己对主题已知的内容。
- **纠正**自己对主题不正确的认识。
- **列出**自己跟主题有关的经历与学习目标。
- 使自己**熟悉**跟培训有关的术语、语言以及概念。
- 使自己逐渐对主题**产生**好奇，有动力学到更多。
- **教给**别人自己从热身活动中学到的东西。
- 对培训前、后知道的内容做出**评估与比较。**

成功的热身活动包含以下几部分重要内容。

- **选择**：当学员能自由选择做哪些培训前的热身活动时，热身活动才会发挥最佳效果。由于是自主选择，学员对于他们要做的活动有发言权，通常他们会选自己最感兴趣的活动。比起去做一个别无他选的规定的热身活动，让学员自主选择活动可以激发兴趣，效果更好。
- **各负其责制**：学员明白他们必须至少完成一项热身活动。为了明确这种责任，你必须事先声明，大家要随后汇报热身活动的开展情况。下面举了三个例子：
  - 培训开始前，每个学员都给老师或其他同学发一封电子邮件，邮件的内容是对热身活动中所学东西的简要总结。
  - 培训期间，学员将热身活动总结展示给学习搭档。
  - 培训结束后，学员撰写学习报告，将热身活动的相关内容同学到的东西做一比较。
- **时机**：学员一般都在培训开始前的 1 ~ 2 个星期做热身活动。如果热身活动跟正式培训之间间隔的时间太长，那么两者之间的联系就会被淡忘。如果热身活动跟正式培训挨得太紧，学员可能没有足够的时间完成热身。为了让参加培训的学员及时得知有哪些热身活动可选，老师可以通过电子邮件、博客或网站发布活动指南。

做好准备

- **活动材料**：不需要准备什么额外的材料。
- **活动安排**：不需要做什么安排。
- **分组规模**：这些活动可以以一对一的形式开展也可以在规模较大的小组中开展。
- **活动时长**：取决于你创建的热身活动是什么，以及学员怎么做。

5 种热身活动

1. 专家访谈

发给学员的热身说明可以这样写："自培训正式开始前 2 周起，找到一位对本主题了解甚多的人，对其进行一次访谈，询问一下他对本主题有何所知，有哪些重要内容需要学习，以及在培训中需要提出的问题。撰写一个简短的访谈总结，准备好在培训期间向大家展示。"

2. 网络搜索

打印出来的说明可以这样写："培训前，查询一下下面列出的跟主题有关的概念、短语以及词语方面的信息。从中选择 2～3 个短语作为关键词，在网上进行搜索（互联网搜索）。将搜索结果略记下来，然后准备好在培训课上跟大家分享。"然后在说明后附上一张印有跟主题相关的词语、短语和概念的列表。

3. 寻宝游戏

按下面的要求做：

- 列出一张表，上面有 5 ~ 10 种跟主题有关的不同寻常的内容，如事实情况、物品、概念、问题、书籍、文章等。
- 发给大家的说明是这样写的："在寻宝游戏中你能发现几件宝贝？在培训前尽可能多地发现一些宝贝。记下你发现宝贝或者找到问题答案的日子。对于发现全部宝贝的人将会在培训课上予以奖励。"
- 学员记下发现宝贝的日期。在培训课上，给发现全部宝贝的学员奖励一些小玩意儿。

寻宝游戏举例：

- 找一篇跟主题有关的文章，写下标题、来源和发文日期。
- 找一位曾经参加过这个培训的员工，把他的名字写在这里。
- 看看你参加完本次培训后有哪些方面能力的长进，写在这里。
- 查阅一下几位作者的资料（作者名字附后），把他们所著的跟主题有关的著作写在这里。

- 找一个能够比喻（代表）这个培训主题的物品，把它带到培训课上来，然后解释一下为什么这个物品跟主题类似。（例如，对于团队建设的培训来说，带着树叶的树枝能够代表公司与其员工的关系；对客户服务的培训来说，汤勺能代表舀出来一块热情的服务，一次喂给客户“一口”；对于新员工培训来说，一个点亮的灯泡能代表每位员工都会给公司带来新的光明与能量。）
- 找一张工作表、一份材料、一篇报纸上的文章或者其他印制的材料，只要跟主题有关，把它带到培训课上来。把你带的材料名称写下来。
- 向其他同事问一个跟主题有关的问题，把同事的名字和问题写下来。
- 查查跟培训主题有关的信息，将三个跟主题有关的网页链接地址写下来。
- 把你想在培训课上了解的跟主题有关的问题写下来。
- 找一个跟主题有关的物品，带到培训课上来。把物品名称写在这里。（例如，不动产培训的学员带着新的广告传单；电话呼叫中心员工带着工作手册，手册上有他关心的问题；管理培训的学员带着他要发给工作表现杰出的员工的优秀记录卡片。）
- 问问你的上级、经理或者管理层，看看他们认为对于本主题有哪些重要的东西需要了解。记下他的名字和回答。

4. 大众和个人调查

大众调查是指对受访对象提出一系列问题，然后把调查结果带回培训课上进行讨论。打印出来的说明是这样的：“创建一个简短的跟主题有关的调查问卷，把你认为有可能对该主题有所了解的人列出来。向这些人询问问卷上的问题，记下他们的名字和回答。做好准备向培训课上的小组报告。”

大众调查举例：

- 对于该主题你认为最重要的事实是什么？
- 有什么跟主题有关的内容别人曾教过你，但是其实你不必掌握？

- 对于该主题，下一步你准备学点什么？
- 现在想想，有哪些东西是你在培训一开始就希望知道的？
- 对于本次培训主题，你有哪些建议给我？

个人调查是指你把问题发给别人，别人用电子邮件填好后回复给你。对于个人调查，打印出来的说明是这样的："为更好地量身打造即将开始的培训，尽力满足大家的培训需求，请您协助我们回答以下问题，然后将回答结果通过电子邮件或传真的方式发给老师。谢谢。"

个人调查举例：

- 关于该主题你所知道的三个事实是什么？
- 你希望对本主题的哪些领域进行更深层次的探索？
- 你希望从本次培训中收获什么？
- 如果让你提出一个跟该主题有关的问题，在培训中能得到解答，这个问题会是什么？
- 对于你学到的知识，你有什么进一步的计划？
- 你希望老师对你有哪些方面的了解？

5. 突击测试

列出一系列跟主题有关的问题，然后发给学员。问题应该足够有挑战性，以至于学员只有参加完培训后才能全部答得上来。（好奇心比较强的学员可能在互联网上搜索一些相关的概念。）

打印出来的说明是这样的："把问题答案写在下面，在你参加培训之时，回头检查一下你的答案，把你认为错误的答案纠正过来或者补充完整；把你现在了解的知识同培训后掌握的知识做一比较。做好准备在培训课上跟大家交流一下对比情况。"

下面是培训师培训课程的例子：

- 哪种开场活动既跟主题有关又以学员为核心？
- 学员只是坐在那儿听老师讲，还不丧失学习兴趣，这种状况最多能保持多长时间？

- 列出大脑友好型培训的五个重要因素。
- 解释联系活动和暖场活动的区别。
- 列出高效教学设计与授课方法的 4C 内容。

该你上场了

在下面的空白处，画出你自己热身活动的概念图。本书在下一页已经做出了一张活动的概念图，作为例子供你参考。

热身活动概念图

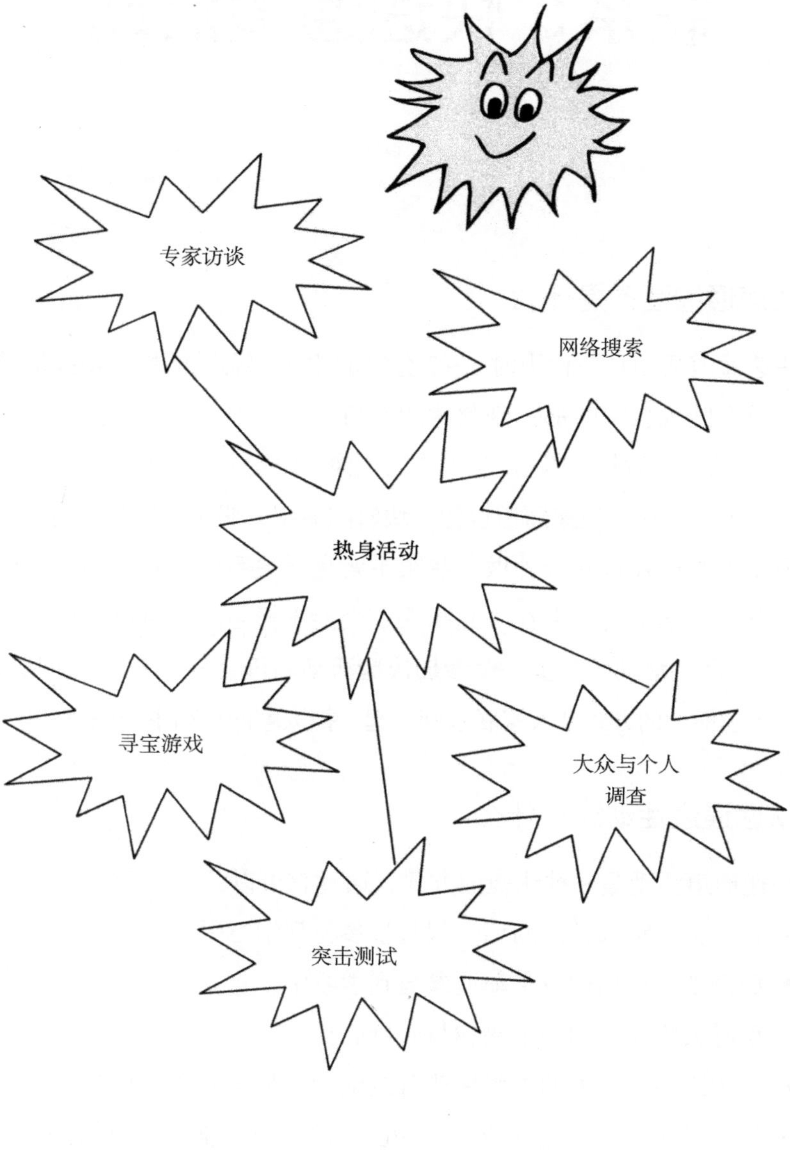

联系：快速通道活动

快速通道活动是什么

快速通道活动是一种为时 1 ~ 2 分钟的跟主题有关的快速便捷的活动，能让学员自踏入教室的那一刻起就能参与到学习中。它是一种直截了当的方法，能迅速让学员对主题产生好奇心。像《10 分钟培训师》一书中的“快速启动”手段一样，快速通道也像一块时间海绵，吸纳了非培训时间——通常情况下学员会在这几分钟做一些跟主题毫无关系的事儿。例如，传统培训课一开始，学员通常聚在一起聊天、交换手机号或者自己在那儿收发邮件。而快速通道活动给学员一个参加快捷活动的机会——这个活动利用生动活泼、妙趣横生的方式把大家联系到一起，把大家同培训主题联系到一起。

快速通道活动能干什么

快速通道活动是一种快捷的方式，通过它可以：

- 让学员自踏入教室的那一刻起就**参与**到学习中。
- **鼓励**学员更加积极主动地参与到学习中。
- **引导**大家对主题产生兴趣与好奇心。
- 利用跟主题有关的手段快速直接地让学员**进入**学习状态。
- 把学员对该主题已知或自认为已知的信息、他人知道的信息以及即将学到的知识**联系**到一起。

做好准备

- **活动材料**：培训开始前，把快速通道活动说明打出来，贴在入口图表、墙上图表、小组活动桌或每个学员座椅上摆放的图表上面。每个人必须能够看到快速通道。你可能还需要常规的培训材料（彩色马克笔、图表纸、空白纸、卡片、签字笔和铅笔，先举到这里），当然，对于特定的活动还需要一些特殊的材料。
- **活动安排**：除了把活动说明贴出来，不需要什么特别的安排。根据活动需要，大家可能需要有足够的空间站立、移动或者四处走动。
- **分组规模**：任何大小都可。
- **活动时长**：大多数快速通道活动都会持续 1 ~ 2 分钟，除非你自己希望多花点时间。

5 种快速通道活动

1. 记点投票

开展这个活动需要准备一张图表纸、彩色马克笔以及挂图表的绳子。另外还要给学员准备大号的彩色圆点贴纸。然后按照下面的步骤说明进行：

- 培训开始前，把学习成果打印出来，贴在墙上挂着的大幅图表上，确保每个人都能看到。每个桌子上都要放上彩色圆点贴纸。
- 把活动说明贴在其他图表上：**“读完说明后，从桌子上拿起两个圆点贴纸，然后读一下墙上大图表上的学习成果，把圆点贴纸贴在你认为最重要的两个学习成果旁。做好准备解释你的选择。”**
- 如果没有充足的空间挂图表，你可以把学习成果印在一张纸上，放在每个小组的活动桌上，或者夹在你给大家分发的学习材料中间。活动说明也可如法炮制。
- 除了彩色圆点贴纸，学员也可以在自己认为重要的两个学习成果旁画上圆点、圆圈、下画线或者横线。
- 如果时间充裕，你可以让学员跟自己同组的同学交流一下自己选的是哪两个，为什么选这两个。

2. 先想后写

开展这个活动学员需要有卡片和笔。然后按照下面的步骤说明进行：

- 贴出来的活动说明是这么写的：**“想一想对于这个主题你都知道些什么内容，把你知道的三个事实写在卡片上，然后准备好向大家做出你的解释。”**
- 给大家一些时间来写以及同搭档、小组成员或全班同学分享所写的内容。
- 学员也可以写出一个自己关心的问题或者想要在培训结束后收获的一种能力。

3. 贴纸活动

开展这个活动学员需要准备可以记东西的便笺。你需要准备一张图表纸和若干马克笔。然后按照下面的步骤说明进行：

- 培训开始前，制作一张挂在墙上的图表，上面写上大标题：“这里为我准备了什么？”然后把它挂在墙上，确保每个人都能看到。
- 贴出来的活动说明是这么写的：**“读完说明后，拿出一张便笺，把你想从本次培训中学到的东西写下来，然后把便笺贴到“这里为我准备了什么”图表上。培训结束后你可以回头再来看看自己贴的东西，评估一下你学到的内容。”**
- 学员开始在便笺上写东西，然后贴到图表上。
- 培训即将结束时，让学员从图表上取下便笺，然后读给自己的搭档、小组成员听，交流一下学到了什么。

4. 转身谈话

贴出来的说明是这么写的：**“读完说明后，跟邻座的人做一下自我介绍。告诉他你为什么会来到这儿以及你想要从本次培训中学到什么。”**如果时间充裕，再问一下同学的搭档是怎么说的。

转身谈话的几种形式：

- 向你邻座的人做自我介绍。
- 向你不认识的人做自我介绍。
- 向来自另一部门（行业、机构、办公楼）的人做自我介绍。
- 向工作资历比你浅的人做自我介绍。

5. 猜一猜

按照下面的步骤说明进行：

- 培训开始前，制作一张大图表，上面有一系列语句——有些跟主题有关，有些跟主题无关。
- 把活动说明印在一张工作表上，放在学员的座椅上。当学员走进教室的时候，他们会拿起这张表读上面的内容，然后落座。
- 工作表上打印出来的说明是这么写的：**“快速通读下面的话。把你认为跟主题有关的话圈出来，把你认为跟主题无关的话画掉。跟你的邻座比较一下各自的答案。”**
- 学员依照说明开始照做。如果时间充裕，活动结束后针对大图表上的内容开展一次快速的小组讨论。

以安全培训为例，介绍一下图表上的内容：

- 每个工作站都有急救包。
- 员工每天都要填工时单。
- 使用灭火器前要拔掉保险销。
- 人力资源部门负责计算员工的奖金。
- 对于窒息患者要使用海姆立克急救法。

猜一猜活动的其他形式：

- 读一下你面前工作表上的说法，在正确的说法前标上“T”，在错误的说法前标上“F”。同邻座的同学比较一下各自的答案。

- 看一下面前工作表上打乱的程序步骤，利用 1 分钟的时间给步骤排好序，并标上“1，2，3…”顺序号。
- 快速通读一下你桌上的工作表，如果你知道空缺的词是什么，请填进去。准备好跟老师一起对照你的答案。

该你上场了

现在制作一张属于你自己的快速通道活动概念图。

联系：开场活动

开场活动是什么

开场活动是一种时间更长的快速通道活动，通过进行开场活动学员可以在自己与别人之间以及与主题之间建立更深入的联系。开场活动通常持续 5 ~ 10 分钟，包含一场关于从活动中学到什么的讨论。

不管是快速通道还是开场活动都能让学员自踏入教室的那一刻起就参与到学习中。你可以任选其一来用，也可以将两者结合使用。

开场活动能干什么

跟快速通道一样，开场活动能够：

- 利用跟主题有关的手段快速、直接地让学员**进入**学习状态。
- **鼓励**学员更加积极主动地参与到学习中。
- **引导**大家对主题产生兴趣与好奇心。
- 把学员对该主题已知或自认为已知的信息、他人知道的信息以及即将学到的知识**联系**到一起。

通过参与开场活动，学员还能够：

- 把自己关于主题所知的东西**教给**别人。
- 在培训集体内**建立**一个学习社区。
- 对于跟主题有关的词汇、短语和概念愈加**熟悉**。
- **讨论**一下从活动中学到的东西。

做好准备

- **活动材料**：对于特定的活动，你除了需要常规的培训材料，还要准备活动说明中要求的其他材料。
- **活动安排**：需要有足够的空间让学员可以站立、移动。
- **分组规模**：任何大小都可以。
- **活动时长**：热场活动通常会持续 5 ~ 10 分钟。有些可能持续 20 分钟。主要看你对于后续整个培训活动时间的安排和分配。

5 种开场活动

1. 站立调查

打印出一系列跟主题有关的问题，贴在墙上的大幅图表上。贴出来的活动说明是这么写的：“通读一下图表上的问题，选择一个问题，从教室里没有挨着你坐的同学中挑出至少三位同学，向其提问你选择的问题。在卡片上记下答案，然后准备好向所在小组报告调查结果。”

站立调查问题举例：

- 关于该主题你所知道的最重要的事实是什么？
- 你想从该主题培训中学到什么？
- 本次培训主题会如何对你的工作产生影响？
- 你对该主题会提出一个什么问题？
- 你认为什么对本主题来说是不重要的？
- 培训结束后你还能在哪里发现更多与本主题有关的信息？

2. 墙上涂写

你需要若干墙上挂的图表、彩色马克笔和挂图表的绳子。学员的每个桌子上都需要放上宽胶带、彩色马克笔。然后按照下面的步骤说明进行：

- 在教室不同墙面都挂上大幅的图表，上面印有培训中要学的概念，每张表上都有编号，确保每个人都能看到。以客户服务培训为例，其中的概念可能为电话服务、面对面服务、欢迎接待、解决问题、跟踪服务、进度报告等。

- 贴出来的活动说明是这么写的：“读完说明后，两人一组，拿着彩色马克笔走到图表前。互相讨论一下关于这些概念有哪些是你们已经知道的，达成共识后用彩色马克笔标在上面。对每张表都要这么做。”
- 大约 3 分钟后，下令停止涂写，告诉大家落座前在教室里四处看看所有的图表。

  围绕以下问题组织一次全班大讨论：

  - 你从图表中学到了什么新东西？
  - 图表中有哪些内容是重复的？
  - 你认为图表中哪些地方是不准确的？
  - 你想学到哪些概念更多的内容？
  - 在墙上涂写活动中你还学到什么其他的东西？

在培训的不同时期，让学员回头看看墙上的图表，添点儿新东西进去，把不正确的地方改正过来，或者在上面记点信息。

培训结束后，学员再次回顾一下图表上的内容，然后对所有写上去的东西以及学到的内容做个评估。

3. 桌上讨论

按照下面的步骤说明进行：

- 把一个跟主题有关的问题贴在墙上的图表上，确保每个人都能看到。这个问题须有不止一个正确答案，并且不仅仅是回答“是”或“否”那么简单。下面是一些问题的例子。
  - （沟通培训）在处理办公场所内的员工冲突时，头脑中需要有的最重要的沟通要素是什么？
  - （叉车操作培训）在操作叉车前你需要做的三个最重要的安全步骤是什么？
  - （不动产培训）新房源广告宣传的最好方式有哪些？

- ■（呼叫中心培训）**在开展具体咨询服务前需要向客户询问的最重要的四个问题是什么？**

让学员同邻座或者同一个活动桌的人讨论一下问题，讨论时间大约为3分钟。

简短的讨论后，学员对讨论情况准备一两句话的总结。

每对学员或者每个小组把总结情况报告给全班同学。如果时间有限，或者小组众多，也可以请若干自告奋勇的人进行总结发言。

4. 你站在哪边

按照下面的步骤说明进行：

- 提出一个跟主题有关的亟待解决的问题，并且附有一种解决该问题的做法。
- 对学员这么说：
  - ■ **如果你非常赞同这种做法请站在教室的这一边（你指向一边）。**
  - ■ **如果你非常反对这种做法请站在教室的那一边（你指向另一边）。**
  - ■ **如果你对这种做法不置可否，需要更多信息来支持你的判断，请站在教室中间。**
- 然后学员开始站队，形成三组队员，并且跟自己队伍的同学讨论选择站在这个队伍的原因。
- 然后你提出如下问题，请全班同学一起讨论：
  - ■ **关于队友所做的选择，你从他们身上学到了什么？**
  - ■ **是什么让你选择站到现在的位置，而不是其他地方？**
  - ■ **关于我提出的这个问题，你从这个活动中学到了什么？**
  - ■ **若要做出一个更加知情的选择，你还想了解哪些信息？**
  - ■ **为了做出另一种选择你需要回答什么问题？**
- 作为这个活动的一种变形，你还可以让学员同站在另一边的同学或站在中间的同学组成一对搭档，然后让他们讨论一下为什么会持有不同的观点。

5. 翻转卡片

培训开始前，为每一桌学员制作一套卡片——一桌为一组，一组 4～7 张卡片，具体多少根据组的大小而定。每张卡片上印着一个概念，培训中会讲到这些概念。

每个小组分发卡片，小组成员人手一张。每个人读出自己手中卡片上的内容，然后把卡片翻转，在其背面写下一个相关的概念、短语、事实、想法或问题。

然后每个人把卡片递给右手边的人，接着再重复一遍刚才的步骤。然后依次传下去，直到每个人写够 3 张卡片为止。

到时间后，每个人留着手里持有的卡片。当你在培训中讲到相关的概念时，稍做停顿，请几位同学自告奋勇地读一下同学们在相关卡片留下的内容。

该你上场了

在下面的空白处制作一个属于你的开场活动的概念图。

第二部分

概　　念

关于概念你需要知道什么

最好的学习方式是教会别人。换句话说，谁会教谁就会学有所获。

——选自大卫·苏萨的《大脑学习原理》

本章主要概念流程图

在学习本章的过程中，把你想记住的每个概念的重要信息记下来。

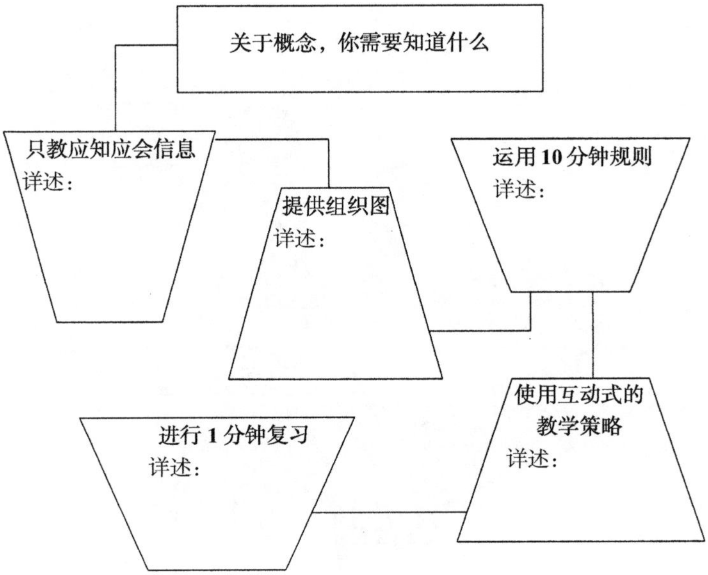

联　系

仅限1分钟

1分钟联系练习：快速通道

给自己打个分。按照下面的计分标准，根据每句表述在自己身上的表现程度进行打分。（1=几乎没有，极少；2=有时候有；3=经常有。）

在讲授培训课中内容较多的部分时，我：

_____只讲授须知的信息；把知道了更好、不知道也没关系的信息放在分发给大家的学习材料中，供课余参考。

_____给大家一张有趣的记笔记的纸，提醒大家做好笔记（一张幻灯片的影印稿不能算是有趣的笔记纸）。

_____把我要讲的内容分成一个一个10～20分钟的小片段。

_____使用互动式教学策略，不必使我一个人从头讲到尾。

_____每隔10～20分钟就组织大家开展一次简短、快捷的复习活动。

_____我少讲一点，学员多讲一点——学的内容不变。

很显然，你的目标是全拿3分。如果没拿到这个分数，也不必担心。本书会帮你实现这个目标。运用本章教给你的概念和策略，会大大提升你的分数，同时能增加你的培训课对学员的吸引力。

想象一下……

你是一名新员工，正在参加入职培训。所有培训课上要讲的信息都在进门时递给你的活页夹上。到了通读活页夹上内容的时候，你还等着玛丽老师一部分一部分讲下去，但是她没有。

她要做的是，以桌为单位，每桌为一个小组，每个小组都要负责展示活页夹上某个部分的主要概念。你和你的小组成员有大概30分钟的时间对所负责部分的内容进行通读、讨论，并准备一个10分钟的口头总结。玛丽建议你挑选一个小组长进行组织协调，你们要边讨论边把重点概念画出来，在展示前把总结内容写好。她同样鼓励大家使用图表纸和彩色马克笔制作一张重点内容展示图。当各个小组开始行动时，玛丽会走在小组中间，确保每个小组都能正确理解所负责部分的重要概念。

在展示开始前，玛丽提醒大家，在小组展示的同时每个人要做好笔记。每个小组展示完毕时大家要报以鼓励的掌声。

入职培训以一个活力四射的游戏告终，通过这个游戏你可以复习一遍你所学过的内容。你还会填写一份重点内容快速评估表。最后，你跟小组的其他同学道别——现在你会在新的工作岗位上天天见到他们了。

概　念

概念（也被称作直接说明）是学员为了在工作中提高竞争力与工作效率必须掌握的重要内容。认为概念必须出自老师之口的说法在人类学习方面的研究著作中屡见不鲜，也就是说，为了让学员把概念记住，老师必须亲口把概念讲出来。现在，如你所见，事实恰恰相反。学员越多参与到学习概念的活动中，他们记住的东西也越多。

这也并非说老师可以把所有的概念都教给学员自己去互教互学，但是一般遇到海量的内容时由学员来展示比老师教要好。《创新培训技能手册》（2003年）一书的作者鲍勃·派克认为，老师讲授内容的70%学员差不多都懂，只是他们可能没意识到自己已经懂了，或者还未发现自己懂了，但是一旦给他们合适的机会，他们自己学起来相当快。按照马亚伦·维摩尔在《以学员为核心的教学》（2002年）一书中所说的，（学员）不需要等到跟学习内容直接过手时才来提升自己的知识水平。（他们有能力）自己探索知识、运用知识、将知识与自己的生活经历相联系，然后挑战知识，不管自己的水平如何（他们）都可以做到。

下面是培训“概念”环节里的 5 个要点，要记在脑海中：

- **应知应会信息**。正如我所说，这是学员获取成功必须知晓的内容。
- **组织图**。这是一种看起来比较有趣的记笔记的页面，对学员长期记忆也很重要。
- **10 分钟原则**。提醒你将概念教学过程分割成一小段一小段的直接教学段落。
- **互动式教学策略**。在直接教学时间里让学员参与学习的方式。
- **1 分钟复习**。在整个直接教学过程中简短快速的学习活动。

让我们再深入挖掘一下各个要点的详细内容。

只教应知应会信息

正如我在前面对 4C 法进行概述时讲的那样，为了把应知应会信息与可以了解的信息分离开来，你得问问自己：

- **“如果我培训的时间只够讲现在内容的一半，那么我该如何取舍？”**
- **“学员为了能在工作中取得成功，有什么概念是他们必须掌握的？”**
- **“如果我只有 10 分钟去总结这些内容，哪些是我要涵盖进去的，哪些我可以放到资料包里让大家随后自学？”**

主要概念是指需要在培训中讲授并强化的应知应会信息。可以了解的信息是一种参考资料；如果时间充裕可以学习一下，或者把它当作“晚间机会”（“家庭作业”）。

提供组织图

这些是记笔记的页面，包括跟主题有关的图表（卡通、图标、照片、表格和图画），用以吸引学员的兴趣，纸面还留下了许多空白的地方供学员涂涂写写。在本部分的概念图版块有五种组织图的实例。本书其他部分也有组织图的例子：第一、二、三、四部分的开头部分各有一个。

组织图可以帮助学员记忆重要的信息，因为：

- **学员通常会记住<u>他们</u>写下的东西**。写是一种运动知觉的记忆方式，意即笔尖在纸上的移动帮助大脑记住写下的内容。因此，学员需要自己把应知应会信息写下来，而不是让老师替你写下来。
- **学员通常会记住他们写在<u>哪儿</u>**。视觉空间记忆是记忆信息的有力手段。学员在纸上的不同地方写下信息，随后当他们需要回忆这些信息时，他们**在哪儿写的**信息会帮助他们记起来**写了什么**。

组织图可以由老师创建也可以由学员创建。你可以给学员提供不止一张笔记纸，或者他们可以在培训中创造属于自己的笔记纸。不管哪种方式，你都要提醒学员在上面记笔记。虽然这个听起来很简单，但是适时的提醒还是很有必要的。你可以用一种幽默的方式来提醒，例如，“这个很深奥的，所以记下来吧。”

PowerPoint 软件对于分发幻灯片的影印稿或使用讲义模板有一个提示：不管在视觉上还是知觉上这两种方式都很令人厌烦。更有甚者，许多学员会这么想：“如果所有的幻灯片影印稿都在分发的材料里，并且如果老师要站在那儿把幻灯片上的内容读给我听，那我坐在这里的意义何在？我完全可以把学习材料带回家，边喝咖啡边自己看啊。”

如果你要分发幻灯片的影印稿，或者学员主动索取，一定要等到培训结束再给，并且只把材料当作参考资料给他们。幻灯片影印稿**不是**组织图。

试试这个

对主题进行变化。关于组织图最好的两本书是《内部空间导图》(玛尔格丽，2002 年)和《视觉想象》(玛尔格丽，2005 年)。组织图作为每个培训项目的重要部分，对此这两本书给出了大量组织图的使用建议与创意。你可以在亚马逊上找到这两本书。

此外，如果你在互联网上搜索“组织图”(Graphic Organizer)，你会发现超过 200 000 个网站，许多都附有可免费下载的笔记工具。不要以年龄为借口将其拒之门外，不管是对成人还是小孩子，组织图都一样适用。这些网站会根据你的培训主题以及学员的特点量体裁衣，给出许多关于笔记工具的好创意。

康内尔笔记

日期：________________ 主题：________________

主要创意　　　　内容与详述

小结：

另一个需要探索的短语是“康内尔笔记”，它作为一种特别的组织图出现，被大学广为使用。你也可以看看本书“概念图”活动这一部分，里面也讲到了“康内尔笔记”。

运用 10 分钟原则

正如我此前说过的，老师讲话的时间超过 10 ~ 20 分钟后，学员的学习效果就开始随着时间的推进依次递减。但这并非说要让你将内容简化。这只是个运用时间的问题。为了让学员更容易把概念记住，你要做的就是将你的讲课时间分割成几个更短的部分，每部分大概 10 分钟，并且在每一部分讲完后都安排一个 1～2 分钟的复习活动，让大家都参与一下。这样做会大大提升学员的注意力，增加他们的学习动力，使重要信息在大家的头脑中记忆得更持久。

使用互动式教学策略

根据本书的意图，“讲课”这个词的意思其实是说教式的独白，只有老师在滔滔不绝，学员除了听就是听。讲课其实还可以成为“演示”、“谈论”、“直接教学”或“演讲”的同义词。很多时候，即便培训师说：“现在让我们讨论一下……”或者说：“现在让我们谈谈……”如果大部分时间里都是培训师在长篇大论，那么他做的还是传统意义上的“讲课”。培训师的一个重要挑战就是对自己做一个实际的估计：当学员被动地坐在那里听讲时，自己花了多少时间用在自己讲话上。

互动式的教学策略可以使**大部分或者所有**学员参与到学习中来。一问一答可**不是**互动式教学。从各种各样的学员口中得出多种多样的答案才是互动式教学。鼓励所有学员都使用组织图是一种互动式的教学策略。每个讲课段落之间的 1 分钟复习活动也是互动式的教学。当然，让学员展示一些培训概念是最有力的互动式教学策略之一。

试试这个

先讲 3 个答案给我听听。不明白怎样在你的课上激发学员参与学习？用一下“先讲 3 个答案给我听听”的规则吧。当学员在课上提出了一个问题，你停顿一下，然后说：**“在我回答这个问题前，请大家先给出 3 个答案让我听听。”**然后根据大家的答案，再把你自己的答案加进去。当然，如果这个问题只有一个正确答案，你就不要用这种策略了。你也不用每碰到一个问题都去这么做。但这是一种很不错的方式，它可以让你了解教室里学员的知识水平，让他们积极参与学习并明白正确答案通常有很多。

当你有时间的时候，在互联网上搜索一下“互动式教学”（Interactive Instruction）。你会搜到超过 300 000 篇文章，其中许多都提供能让学员参与到直接教学过程的超赞创意与建议，还是免费的。尽管这里头的大部分文章都跟大学课程有关，但很多也都可以运用到企业的培训中。

进行 1 分钟复习

在讲课的片段与片段间，暂且停下讲课，让学员对刚才你讲的内容做一个简短的、1 分钟的复习活动（跟之前你在本书中学到的一样）。这些快捷的学习活动能深化学员对学习内容的理解，能够释疑解惑，帮助大家将新知识与已经掌握的知识建立联系。这些活动相当于“让大脑做课间操”，给学员一个机会象征性把学习材料暂且放在一旁，对已经学到的知识做一个短暂的评估。本书这个部分会给你介绍一些快速复习活动，你也可以在《10 分钟培训师》一书中找到超过 100 种的 1 分钟学习活动。

实用练习

为了把本部分内容用在你的培训课上，你要试着将这 20 种概念策略中的一种或多种用于你的下次培训课。你觉得哪种效果最好，让它成为你培训课的常规动作。确保策略的多样性，才不会让你或你的学员感到厌烦。

这些活动共分为四种。以下是活动分类情况，每类都有相应的名称及简要介绍：

- **5 种概念图：基本概念图、流程图、汉堡包图、自由流型图、时间轴图。**这些都是需要学员制作的组织图。因为这些都是视觉空间记忆工具，能帮助学员记住重要的学习内容。
- **5 种互动式教学策略：快速反应，传卡活动，起立、伸展并讲话，争分夺秒，弯腰、呼吸并记写。**这些活动可以帮你在直接教学中嵌入 1～2 分钟的复习活动，而不牺牲教学时间或内容。
- **5 种拼图活动：1 人专家、专家小组、概念卡片专家、概念诊所、拼图选择。**允许大家在直接教学中的某部分使用一种或多种合作性的活动。
- **5 种概念中心活动：桌上中心、墙上中心、讨论中心、计算机中心、学员创造中心。**当你利用这一部分提到的中心类活动来设计概念教授过程时，你的确可以站到一边让学员以自己的方式种自己的节奏去学习。

1 分钟实用练习

画词练习

检测一下，关于 4C 法步骤的概念你学到了多少。读下面的几句话，把说法不正确的句子画掉。然后核对你的答案。

1. 培训中讲授概念的部分是（**直接教学过程；开场**）。
2. 在直接教学过程中只应讲（**应知应会信息；知之更好，不知无妨的信息**），除非培训时间有富余。
3. 在讲授概念的时候，学员应该在（**发放的幻灯片影印稿；组织图**）上做笔记。
4. 当学员（**真正能教会别人一些概念；认真听老师教授概念**）时，会把知识记得更持久。

5. 互动式教学策略也可以包含（**一个学员对老师的问题一问一答；所有人都参与的 1 分钟复习活动**）。

当你把不正确的短语画掉后，句子应该是这样的：

1. 培训中讲授概念的部分是**直接教学过程**。
2. 在直接教学过程中只应讲**应知应会信息**，除非培训时间有富余。
3. 在讲授概念的时候，学员应该在**组织图**上做笔记。
4. 当学员**真正能教会别人一些概念**时，会把知识记得更持久。
5. 互动式教学策略也可以包含**所有人都参与的 1 分钟复习活动**。

总　　结

培训远远不是仅仅站在那里讲讲跟主题有关的东西，培训课上讲授概念也绝不是对着一套幻灯片滔滔不绝。从现在起，你要做的就是：只教应知应会信息，提供组织图，运用 10 分钟规则，使用互动式教学策略，进行 1 分钟复习。

除此之外，你也要试着让学员去教别人一些概念。这是最好的一种学习状态——当学员参与到学习过程的每一步，甚至参与到直接教学过程中时。

当你搞定一切时，他们会睡梦正酣。当他们亲手创建时，会学有所获。

——选自大卫·梅耶尔的《快捷学习手册》

1 分钟总结

学习日志

把一部分（或者大部分）直接教学过程让渡给学员的感受是什么？把你对这个问题的认识写下来，任何你能想到的优点、缺点都可以。

培训师工具箱

尽可能多地往这个工具箱里收集一些东西——不管是从本章找还是利用互联网搜索——然后记在这里。跟前面做的一样，记得给本页做个标记。

概念：概念图

概念图是什么

概念图是一种记笔记的工具，可以将文字信息以形象直观的方式呈现在学员面前。图中的文字内容包括：重要概念、事实、信息以及彼此间的关系。文字的位置、与文字配在一起的图形、线条和空白部分给人创造了对主题相关内容展开想象的空间。概念图是学习中重要的一部分，很多培训都会用到它。

按照帕特西亚·沃夫在《大脑之事》一书中的说法："人很大程度上是视觉动物，人身体感知的信息有 70%是由眼睛感知的……记忆中占据的画面成分如此强大一点也不足为奇。"（第 152 页）换种方式说，人的大脑首先本能地会以画面的方式来进行思考，话语排在其次。事实上，话语是精神意象的唯一代表（换句话说，就是人物、物品、经历和想法的代表）。更进一步说，比起印在纸上的信息，人的大脑通常更容易记住视觉形象。沃夫阐释道："大脑对画面进行长期记忆的容量似乎是无限的。"（第 153 页）所以概念图跟艺术**无关**，它**是用来**记忆和回忆重要信息的工具。

概念图也可以叫作组织图、思维导图、脑海漫游、关系示意图、信息图等。但是所有的概念图都遵循一个原则：信息的视觉呈现方式对于学员持久地记忆重要信息至关重要。其实，你每天都在用概念图。能帮你在一个新地方指路的地图就是一种概念图。在商场入口处摆放的楼层指引图也是一种概念图。你家里贴有各种开关位置图的电闸盒也是一种概念图。

以培训为例，概念图有流程图、文氏图、饼图、柱状图，甚至任何使用图形、线条、符号以及文字来记笔记的方法都可以称为概念图。换一种说法，大部分培训大纲和培训日程都是以线性的、依序排列的方式编写的，没有任何图像元素，就不是概念图。许多发到学员手中的幻灯片影印稿也不是概念图。

概念图可以通过各种不同的途径融入学习新知识与记忆新信息的过程中：视觉的与立体的（图像和符号）、语言的（词语和短语）、逻辑的与数学的（模型与概念关系）、知觉的（肌肉运动——写和画）。绘制思维图可以让思考中的大脑的两个半球的皮质层都活动起来：主导语言的左脑和主导形象思维的右脑。

以下是在你自己的培训当中使用概念图时需要牢记的一些要素：

- **文字和图像**。学员需要既用到文字也用到文字的视觉表达方式来绘制概念图，或者利用能够表达概念之间关系的图形和线条来创制概念图。此外，当学员要给图形着色时（用彩笔、铅笔、画笔或者彩色马克笔等），概念图会变得更有视觉吸引力，更能加深人的记忆。
- **学员创造**。因为每个人组织信息、记忆信息的方式都不尽相同，所以每个人能够创造属于自己的概念图很重要。你可以给大家提供一个基本的概念图模板让大家起好步，但是随着时间推移，学员会记住他们所画的内容，会在呈现方式上做得更好。
- **时机**。既然概念图是一种记笔记的工具，学员应该在授课或展示过程中使用，而不是之后。你需要在直接教学过程中预留出制作概念图的时间，并且提醒并鼓励学员将听到的内容绘制成概念图。不要期望他们在无人督促的情况下自己完成这件事，因为这种记笔记的方式对大多数参加培训的学员来说还很陌生。
- **为什么这么做，怎么做**。用概念图记笔记的方式跟学员以前采用的方式迥异，在鼓励学员用好概念图这种手段的同时，也要从大脑科学的角度告诉他们为什么要这么做。你解释清楚原因后，学员会明白原来概念图跟艺术以及小学里学的东西毫无关系。事实上，它更像是一种对重要信息进行长期记忆的辅助工具。当你给他们一两个例子或者一张基本的概念图帮助他们起步时，他们学起这种很赞的记忆工具会更加容易。

概念图能干什么

利用概念图，学员能够：

- **创造**重要概念的视觉图像。
- **拥有**多种多样的学习途径。例如，视觉的与立体的、语言的、逻辑的与数学的、知觉的。
- **激发**大脑皮层或思考中的大脑的两个半球同时活动。
- 对重要信息**保持**更长久的记忆。
- 在直接教学过程始终都让学员**投入并参与**到学习中。
- 给学员**提供**了一种视觉化的有趣的工具，可以对他们所学的知识进行提示并记忆，这种工具在日后也可以当作一种信息资料来使用。

做好准备

- **活动材料**：对于大多数概念图来说，一些常规的培训材料就够了，有时会需要一些绘画工具——色彩多样的彩色笔、铅笔、彩色马克笔和彩纸——每桌一套。如果你想让最终的概念图更富有创意、更有立体感，你可能还需要一些彩色的便笺、圆点贴纸、图章或工艺材料等。
- **活动安排**：把制作概念图的材料放在桌子上，保证每个人都能拿到。
- **分组规模**：任何大小都可以。
- **活动时长**：制作概念图是直接教学整体过程的一部分，学员应当在所有授课部分都要使用。

5 种概念图

1. 基本概念图

基本概念图也叫作关系示意图。在基本概念图上，学员可以把主题、要点和详解写在纸上，然后用彩色的圆圈、方框或其他几何图形把词和短语圈起来。学员再用彩色线条把要点和主题连起来，把详解和要点连起来。

在你要展示或授课前，告诉学员：

- 自己选择一块彩纸，大家共用彩色马克笔。
- 把主题写在彩纸中心，并用一个彩色的方框框起来。
- 在我讲课的同时，你要把要点（概念）记在主题周围，用彩色圆圈把每个要点圈起来，然后用一条彩线把它和主题方框连起来。
- 在每个要点圆圈周围画一些发散线条，在线条上写下概念的详细内容。
- 给你的概念图加上点图像元素（图表、几何图形、花体字、卡通、简体画等），帮你记住里面的内容。
- 你希望你的概念图色彩有多丰富都可以。丰富的色彩和几何图形会帮助你记忆写在上面的内容。

概念图举例：基本概念图（关系示意图）

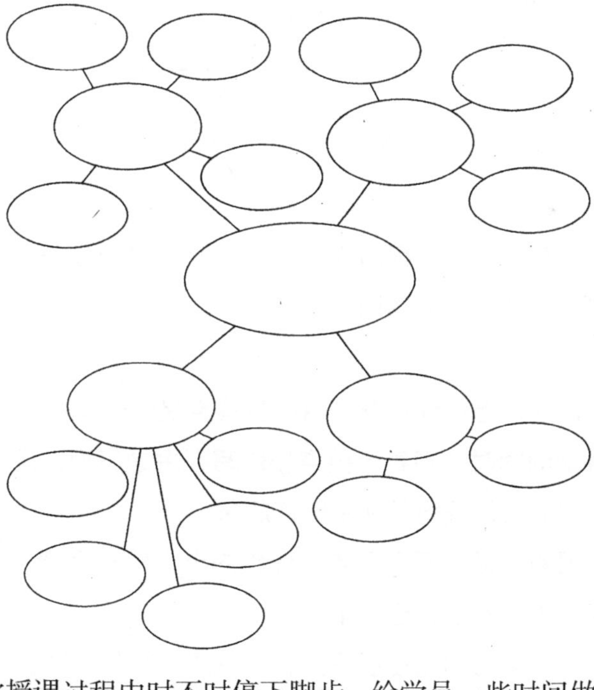

确保在你授课过程中时不时停下脚步，给学员一些时间做一下概念图，把要点及要点详情记下来。

2. **流程图**

概念图举例：流程图

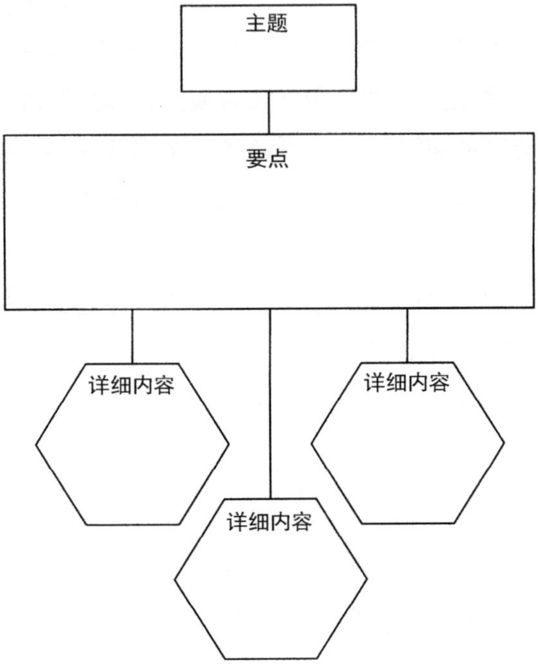

大多数学员对常规的流程图都很熟悉，会觉得制作一个流程图驾轻就熟。比起基本概念图，在流程图上，学员能以更加结构化、线性的方式记笔记。告诉学员：

- 在纸的顶端写上培训主题，用彩色马克笔画个框把它框起来。
- 在我讲课的同时，把每个要点依次写在主题下面，用一个框把它框起来，然后用线条将其和主题连起来。
- 在每个要点下面，写下要点的详细内容，用一个框把它框起来，然后用线条将其和主题连起来。
- 增添一些能帮助你记住所写内容的彩图、线条、形状等。

3. 汉堡包图

概念图举例：汉堡包图

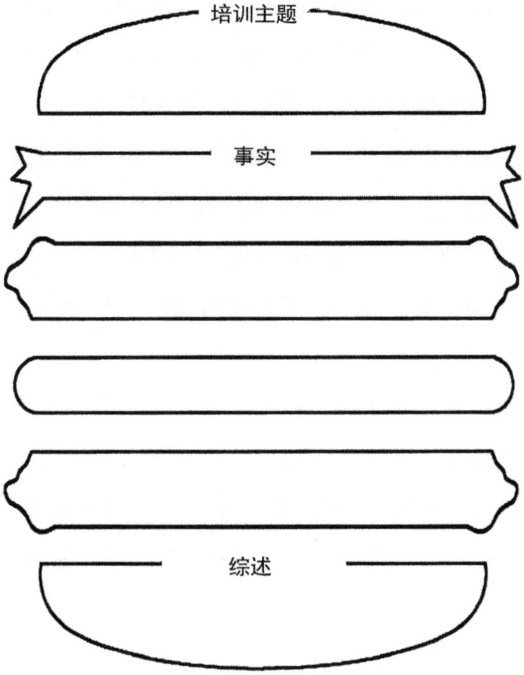

汉堡包图有一个主题“圆面包”和综述“圆面包”，中间的要点和细节是汉堡包的夹层。学员可以创作属于自己的汉堡包图，或使用你给他们准备好的汉堡包图。他们可以利用彩色的涂鸦给汉堡包图“加料”（增加夹层里的内容），例如，酸黄瓜、奶酪、薯条等。汉堡包图会给你记笔记的过程增加一点诙谐感。

当然，任何物品的形状都可以用于制作记笔记的概念图。想一想家用的物品（椅子、勺子、电话、盘子）、办公用品（写字板、铅笔、计算器）、跟培训主题有关的物品（技术培训用计算机的形状，客户服务培训用 T 恤衫的形状，工艺流程培训用梯子的形状，等等），当然，也可以用食物。不管你用的形状是有隐喻意味的还是跟主题有关的，都会让你的概念图令人难忘。

4. 自由流型图

自由流型图在起到加深长期记忆效果的同时，还能有许多无限制的、艺术性的变形，并且不失乐趣性与创造性。在自由流型图中，学员可以在纸的任意一处下笔，任意一处收笔。他们把信息写在曲径般或蜿蜒河流般的线条上。学员使用大量的线条、形状、图片和色彩。当自由流型图完成后，整张笔记纸看起来有点像一件有趣的、很有视觉冲击力的艺术作品。学员可以在工作时把这件有点艺术性的笔记纸挂起来，把它当作工作的好帮手。真实的自由流型图有的是词语和图片的拼贴画，有的是烟花般的形状伴随着大量流动的线条和空白，还有的呈现出 3D 效果，学员用手工材料表达概念、要点和细节。

要做 3D 效果的自由流型图，你需要在每个桌子上准备一袋或一箱手工材料：塑料管、小棍子、亮片、贴纸、泡沫板、多彩泥、卷带、胶水等。对学员讲的说明跟之前的概念图都差不多。唯一不同的是要提醒大家使用桌上的手工材料。在讲课过程中留出一些时间让学员做这件事。

来自《10 分钟培训师》一书的组织图
作者：莎朗·波曼。授权使用。

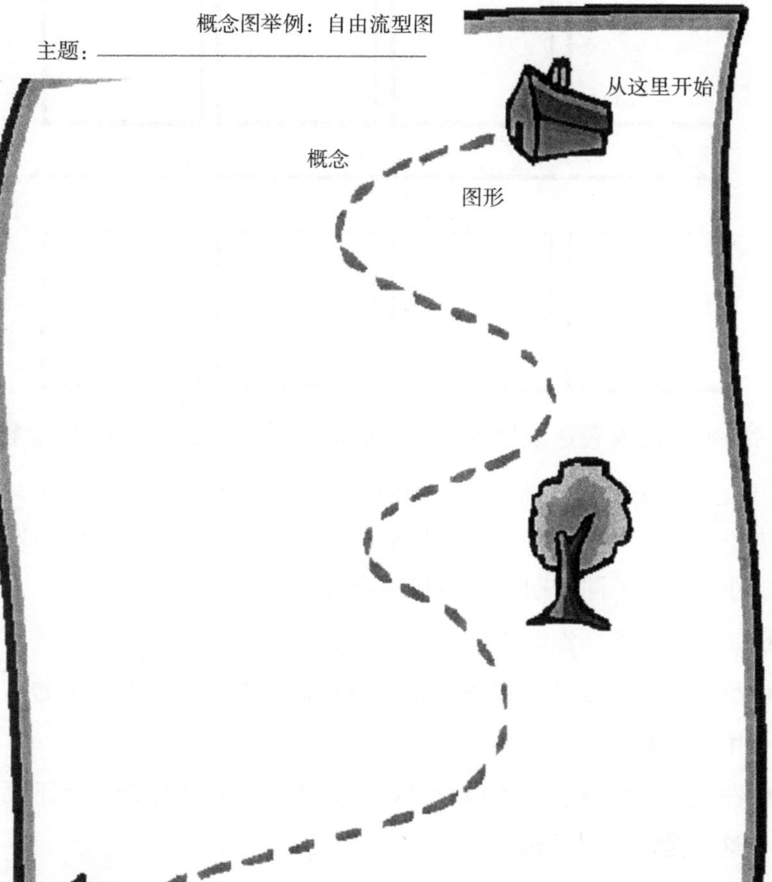

5. **时间轴图**

概念图举例：时间轴图

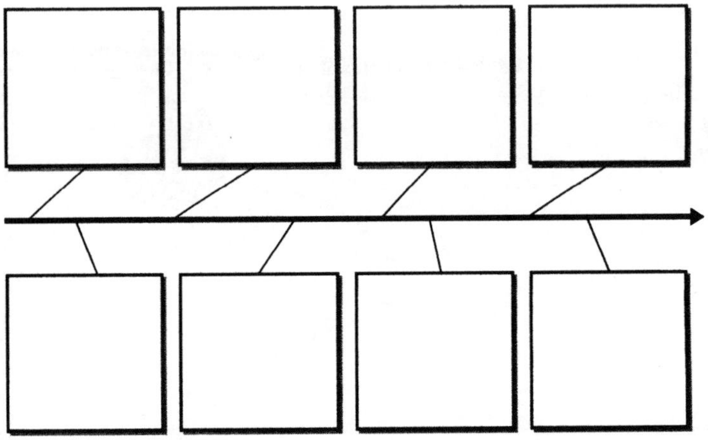

时间轴图能够表达线性的、具有时间依赖性的信息，例如程序性、历史性信息。以程序性信息为例，例如一个计算机软件的操作程序。还有就是解决一个特定问题的步骤。以历史性的信息为例，例如跟公司发展的历史、现在和未来不同时期有关的某种设备的具体信息。

指导时间轴图，告诉学员：

- 翻开一张空白的笔记纸，把纸横在你面前，这样就比竖着写更能利用纸的长边。
- 在纸的中间从左往右画一条横线，这样就把纸划为了上下两部分，这就是你的时间轴。
- 当我讲课的时候，你要在这条线的上下做笔记，然后用线条把你的笔记同时间轴连在一起。你要按照一定的顺序记笔记（根据主题信息），从左往右记。
- 把每条信息用一个彩色的方框框起来，然后连到时间轴上。

该你上场了

在下方空白处，制作一张属于你的概念图，或者复制一张你见其他老师用过的概念图。你可以从本部分撷取一两个创意，将它改动或直接运用到你的培训主题中。或者略记一些你了解的其他制作概念图的创意。

概念：互动式教学策略

互动式教学策略是什么

通常意义上，“互动”意味着学员的积极参与性。所以，互动式的教学是学员能积极参与的讲演、展示或讨论，而不是仅仅坐在那里听老师讲。我之所以强调这个是因为大家经常对什么是互动、什么不是互动有所困惑。为了让你更明白，你应该知道下面这些说法都不是互动式教学策略：

- 问学员有没有什么问题。
- 提出一个问题，请一个学员回答。
- 问一个没有答案的浮夸问题。
- 快速地放着幻灯片让学员看，自己配着画外音。
- 讲故事或用笑话逗学员开心。
- 让学员看视频。
- 说：“现在让我们讨论一下……”然后自己一直喋喋不休，学员一直在听你说。
- 讲课的时间超过 1 小时，紧随其后是一个简短的小组活动或游戏。

一定要清楚：以上这些做法没有任何错误。如果你愿意你可以在你的课堂上采用上述任何或者全部做法，但是同样你也可以采用本部分教你的活动，它们会让你的课堂变得真正富有参与感。

以下是所有高效互动式教学策略的通用构件：

- **明确时间限制**。通常执行这些策略只需要 1 ~ 3 分钟，所以你可以将这些活动插入教材中，不会牺牲任何教学内容。在一次教学过程中你可以每隔 10 ~ 20 分钟使用一个策略，这样学员可以在 1 小时的培训课上有 3～6 次机会利用各种不同的方式积极参与学习活动。

- **具体目标**。你给大家明确活动的目标，这样大家会知道要达到什么样的效果。
- **相互协作**。学员要以一对或小组的合作方式，通力协作才能完成目标。没有共同合作是完成不了任务的。
- **各负其责**。学员明白任务进行期间自己肩负的责任。因为活动时间都很短，大部分学员都能坚持下来。

互动式教学策略能干什么

当你使用互动式教学策略时，你能够：

- 让学员**保持清醒**，并且能参与到整个教学过程中。
- 使学员对你讲授的内容始终**保持兴趣**。
- 深化学员对所学内容的**理解**。
- 使学员对重要信息的**记忆力更持久**。
- 在讲课部分**提升**集体的**活力**。

做好准备

- **活动材料**：对于大多数教学策略来说，一些常规的培训材料就够了，其他额外的材料会在活动时列明。
- **活动安排**：不需要特别安排。
- **分组规模**：任何大小都可以。
- **活动时长**：大部分互动式教学策略会持续 1～3 分钟，这样就可以随时插入到直接教学过程中。

5 种互动式教学策略

1. 快速反应

按照下面的步骤说明进行：

- 在讲课中间停顿下来，告诉学员思考一下刚才讲过的内容。
- 让大家把自己感觉最重要的一些事实说出来。例如，你可以说："想想你刚才听到的内容，每个小组从刚才学过的内容中提出 5 个你认为最需要记住的东西。"
- 等待学员陈述。接受所有陈述的内容，除非有不对的地方。
- 把你认为重要但是学员没提到的内容补充进去。
- 同时要纠正学员理解有误的地方。

其他快速反应活动的说明：

- 想一想到现在为止学过的内容。如果必须针对这些内容出一道测试题，你会问什么？把你的问题写到卡片上。（随后，你还可以使用另一个互动教学策略，让学员交换卡片，回答卡片上的问题。）
- 找一个搭档，花 2 分钟把你现在掌握的关于主题的所有信息都列出来。做好准备随后跟大家分享你列的信息。
- 对刚学过的内容用一句话做个总结。将你写的总结跟你邻座的人比较一下，你们写的相似呢，还是不一样呢？
- 如果你必须要向一名同事解释为什么你认为这个信息如此重要，你会怎么说？把你要说的话择一两句写在卡片上。
- 如果现在停止讲课，老师要问你一个问题，你觉得问题可能是什么？给大家一点时间想一想，然后请大家提出 5 个问题。

确保你每次采用互动式教学策略时给大家讲的活动说明都有所变化，这样学员不会厌烦以同样的方式做同样的事情。或者结合其他互动教学活动对这些策略做一下变通。

2. 传卡片活动

活动说明：

- 讲课开始前，给每位学员半打卡片或在每个桌子中间都放一摞卡片。在讲课第一部分开始前，你这么说："把你认为接下来会讲到的概念写在卡片上，写出 3 个。你有 1 分钟的时间。然后将这张卡片标记为 1 号卡片，把它放到一边，随后我们回头会用到。”

- 在 10～20 分钟的第一部分结束后，停下来说：“如果你要针对刚才讲的内容做个测试，你会设计什么样的测试题？把你的测试样题写到另一张卡片上，把它标记为 2 号卡片。把这张卡片传给你右边的人。先不要读 2 号卡片上的内容。”
- 在接下来的另一部分结束后，停下来说：“现在读一下 2 号卡片，写下你自己的答案。再拿出一张新卡，把它标记为 3 号卡片，针对我们刚才学的内容提出一个问题，写在 3 号卡片上。把 1 号和 2 号卡片都传给你右边的人。先不要读新拿到手的卡片。”
- 下一个讲课部分结束后活动继续，你停下来然后说：“现在让我们读一下 2 号卡片上的问题和答案。如果你认同该答案，写下‘同意’二字。如果你不认同，写下‘不同意’三个字，并且把你认为正确的答案写下来。然后读一下 3 号卡片上列出的问题，并写下你的答案，把两张卡片都传给你右边的人。”
- 继续，讲一会儿，然后停下来说：“读一下 3 号卡片。如果你认同该答案，写下‘同意’二字。如果你不认同，写下‘不同意’三个字，并且把你认为正确的答案写下来。想一想对于这个主题你都从讲课中学到了什么。拿出一张新卡，把它标记为 4 号卡片，对新学到的内容做出 1～2 句总结，然后把卡片传给右边的人。”
- 最后，你说：“把所有的卡片读一遍，在 2 号和 3 号卡片上写下你自己的答案，在 4 号卡片上写出你自己的总结陈述。做好准备跟大家分享你的总结陈述。”
- 在另一个讲课部分结束后，请大家自告奋勇当众读一读 4 号卡片上的总结陈述。
- 你可以根据你讲课的内容、时长和小组的规模设计卡片要传递几个回合。
- 整个讲课即将结束时，让学员读一读 1 号卡片——上面有 3 个概念。让大家将你讲过的内容和他们自己写的内容做一比较，把相同的概念圈起来。如果时间充裕，请大家自告奋勇，看谁愿意当众读一读卡片上的内容。然后跟大家讨论一下你没讲过但是有人写出来的概念。

其他一些关于传卡片活动的建议还有：

- 把你的卡片命名为“对还是错”。写一条跟主题有关的正确或错误说法。你把卡片给谁，谁就要判断你写在卡片上的说法是否正确。
- 针对刚讲过的内容写一个简短的认识。你是否同意这个说法，为什么？
- 将你刚学过的内容同你培训之前对于该主题了解的信息做一比较或对比，把对比结果写在卡片上。
- 你会如何运用所学到的信息？把你的答案写在卡片上。

3. 起立、伸展并讲话

我在“大脑友好型”一章中曾指出过，身体动作对于高效学习至关重要。学员站起来做些伸展活动，哪怕只有 1 分钟，也会提升集中精力学习的注意力。

你首先得做出决定，看这个活动对你的培训学员来说是否合适。许多培训师运用得很成功。有些则选择不用，因为他们感觉自己的学员可能对这种过多的身体活动感到不自在。决定权在你手上。

给学员的说明如下：

- 我们将要开始一个为时 1 分钟、跟主题有关的伸展活动，给大脑充充氧。
- 请大家站起来，2 人一组或 3 人一组，确保没人落单。
- 你们自己分配好谁来做示范伸展，谁来当镜子。
- 如果你是伸展示范人，你要带领同组的人做好伸展活动（伸展身体某一部分，胳膊、腿、躯干、后背、脖子、手或脚）。如果你扮演的是镜子，你要跟着伸展示范人比葫芦画瓢（重复做同样的动作）。
- 在你们做伸展活动的同时，伸展示范人要对迄今为止学到的内容做一下总结。

- 角色对调，重复刚才的过程。
- 当完成两次伸展活动时，对你的搭档表示感谢然后落座。

起立、伸展并讲话活动的变形：

- 3 人一组，按照上述 2 人一组的步骤进行。
- 每桌学员为一组，一组站起来转身示范动作，全班其他同学作为镜子跟着做。
- 每桌学员为一组，坐在那里示范伸展动作，全班其他同学也坐在那里跟着做。
- 找个自告奋勇的人当示范者，全班其他同学跟着做。
- 你亲自示范，然后找一个自告奋勇的人再做一遍。

4. 争分夺秒

这是一种定时的具有竞争性的短活动，全班同学都要争分夺秒。

按照下面的步骤开展活动：

- 停止讲课，然后告诉大家：“现在大家有 60 秒的时间快速写下 10 个你认为学到的最重要的内容。现在开始计时。”
- 60 秒时间到后，告诉大家停下手中的笔，问问大家有没有人提前完成任务，在 60 分钟内写完 10 条内容。
- 如果有人做到了，请他向全班同学读一读自己写的东西，然后大家报以热烈的掌声。
- 如果不止一个人做到了，请每个人读 2 ~ 3 条自己写的东西，然后大家报以热烈的掌声。
- 如果你讲的内容不够多，可以把时间定得比 60 秒短一点。
- 学员可以 2 人为一组，或以桌为单位组成一组来做这个活动，你也可以相应地把时间加长。

5. 弯腰、呼吸并记写

跟起立、伸展并讲话活动一样，这又是一个需要身体动起来、给大脑增氧的活动。如果你具备幽默的天赋带领大家做这个活动，大家会乐不可支。如果你认为这个活动会让你或者你的学员感到不自在，那就采用别的舒展身体的活动。你也可以自己创造一种活动。

下面是一些幽默的活动引导口令：

- 想要释放更多的内啡肽？现在咱们就开始做！
- 让我们做点儿既疯狂又来劲儿的事！
- 到了真正回顾我们学了点儿什么的时候了。
- 我们要微微活动一下，给我们的大脑补充点儿氧。高兴点儿，我可没让你做后空翻！

你给学员讲的活动说明：

- 当你坐着的时候，往你的椅子旁扔支笔或者其他小物件儿。
- 当你弯腰捡拾的时候，极力呼气，伴着一声“呼……”把肺中所有的空气都呼出去。
- 当你再次坐正后，来一次深呼吸，想一想能用什么词或短语对你刚才学到的内容做个完美总结。
- 把想到的词或短语写在纸上，然后同你邻座写的比较一下。

这个活动的其他变形：

- 拣起物件儿，当你坐正的时候来次深呼吸，然后耸耸肩、转转脖子。用 1～2 句话总结一下你所学的内容。做好准备随后向所在小组分享你的总结。
- 拣起物件儿，来一次重振精神的呼吸，努力伸展胳膊，感觉要碰到教室的天花板似的。假设你触碰到了天花板，想想有哪个词或者短语能对你所学的内容做个总结（假设你要写在天花板上）。告诉你的邻座你想要假装在天花板上写什么。
- 当你坐正后来次深呼吸，假装你手上有个手机，有个朋友正好给你打电话问你培训得如何。你会告诉你朋友什么？或者，告诉你的邻座你想告诉你朋友什么内容。

该你上场了

你可以把你自己的互动式教学策略活动写在下面的空白处。

概念：拼图活动

拼图活动是什么

拼图活动是一种合作性的教学策略，能让学员负责直接教学过程，贯彻你自己的一些教学方针，同时承担老师与学员的角色。这个活动的名字源自几十年合作性学习方面的研究，同时是对结构化活动的一种隐喻。从根本上说，每个学员都有属于自己的一块儿内容——“拼图中的一片”——学员通过整合他们所知把内容（拼图中的一片）拼在一起。

更具体来说，参加培训的学员要把教材、互联网和其他印发的材料当作信息资料来学习新概念，并要对学习行为负责。随后，他们要把自己学到的东西教给其他同学，可以是自己组的，也可以是其他组的。

拼图活动是一种强大的方法，能让学员参与到直接教学过程中。开展拼图活动的方法可以是简单的，也可以是复杂的，复杂的需要更多的前期准备工作。但是所有的拼图活动都建立在以下三个要素的基础之上：

- **学员是学员。**参加培训的学员首先要学习将要教的内容。每个参与活动的学员或者小组要对具体的一部分内容负责，成为所教授部分的专家。学习的媒介可以是分发的教材、工作表、动画卡片、书、图表、幻灯片等。学员也可以通过互联网搜索、公司手册、其他员工或者其他任何可以获取的资料学习。学员以小组为单位通力合作，把内容要点列出来，提前排练教学过程，并制订展示方案。
- **学员也是老师。**学员组成几个小组（组队说明在本部分具体拼图活动中可见）。每个学员都是某部分内容的专家。学员轮流向大家讲解自己所学的相关内容。

- **老师是旁观者**。当学员在又当老师又当学员的时候，老师来回走动，观察整个过程，给大家提供建议和指导，如果有需要还会答疑解惑。老师也会检查大家的理解情况，问问个人或小组各自负责的内容里有哪些要点。老师扮演的是学员提醒者的角色，在学员需要的时候给予帮助，保证学员能够顺利完成任务。

拼图活动能干什么

通过参加拼图活动，学员能够：

- **教会**自己，**教会**他人，而不是让老师教给自己。
- **深化**所教知识的理解与掌握能力。
- 对所教内容与学习过程**做出**有意义的贡献。
- **成为**某部分内容的专家。
- 对所学所教的内容**担负**起自己的责任。
- 在整个直接教学过程中**保持**专注与参与性。

做好准备

- **活动材料**：根据活动内容，学员需要常规的培训材料，针对特定的拼图活动准备相应所需的材料，包括分发的教材、工作表、书、手册、互联网、幻灯片等。
- **活动安排**：需要辟出一个准备区，可以是在培训教室里（如果教室足够大），也可以是在教室外，这样小组能够一起开展活动并免受打扰。如果这样不可行，那就要确保教室四周有足够多的桌椅和空间让学员走动。
- **分组规模**：任何大小都可以，只要教室空间足够大，能不断组成一个又一个小组。每个小组应当有 4 ~ 6 人。
- **活动时长**：活动时长要看学员自己熟知新知识的量有多少，长短不一。从开始到结束，一个拼图活动能持续 30 分钟甚至到两三小时。如果你想缩短准备时间，安排大家在课外先做一些或者是全部的研究或研读。当学员回到培训中，进行第二部分的讲课前，他们已经做好准备根据第一个拼图活动讨论在课堂外学到的知识了。

5 种拼图活动

1. 1 人专家

要开展这个活动，学员需要各种类型的材料，同样需要书写工具、图表纸和马克笔。按照下面的步骤说明进行：

- 给各组的每个人分发包含新知识的段落文字、幻灯片或工作表。各个小组的成员拿到手里的信息是一样的。你让大家用下画线标出要点，用简短的一段话对手中的材料内容做个总结。给大家 10 分钟的时间阅读材料、勾画要点、撰写总结。
- 如果时间允许，学员可以把要点的关键词或示意图标记在图表上，使他们要展示的信息呈现出一个视觉化的效果。
- 每个人将他自己的总结展示给所在小组，并尽自己最大的努力回答小组其他成员提出的关于所讲材料的任何问题。如果有些问题回答不上来，可以请教老师。
- 每个小组给每位拼图专家都要给予掌声鼓励。

2. 专家小组

要开展专家小组活动，学员除了所有纸质材料，还需要书写工具、图表纸和马克笔。按照下面的步骤说明进行：

- 给每个小组分一块新知识——每个小组分到的容都不一样。给每个小组一些阅读材料，学习一下即将要教的概念。实际上，最后每个小组都要成为某一块知识的专家。
- 告诉每个小组的成员要同心协力，一起学习新知识。他们可以做一些分工，一起大声朗读材料，2 人一组学习，去做任何他们感觉对自己有利的事情。最后，他们会在一起展开讨论，决定他们要对全班同学展示的要点和概念是什么。这个环节根据内容多少可以给他们

15 ~ 30 分钟的时间。

- 专家小组成员共同决定他们向全班同学展示的方式：轮流主持展示环节、分配展示任务的角色、从组里面挑一两个人展示。这个环节可以给他们大约 15 分钟的时间。
- 如果时间允许，专家小组可以在图表或幻灯片上以视觉化的方式展示要点。如果他们愿意的话，还可以在班上做个小活动。
- 每个专家小组把他们学到的内容展示给全班同学，并回答大家可能提出的问题。如果他们不知道怎么回答其中的一些问题，可以向老师请教。这时，作为老师的你可以把认为重要的信息补充进去。
- 专家小组完成展示后，大家要报以鼓励的掌声。
- 当展示结束后，将每个小组手中的所有原始材料（你之前发给每个小组的材料）收集起来，复印后发给大家。

下面是专家小组活动的一些变形，你可以这么做：

- 每个小组都叫作“家庭小组”，每个人在小组中都有一个号码：1、2、3、4、5。你给每个小组分配不同的学习与教学内容，做法跟前面一样。另外，每个家庭组的成员必须独立承担该小组的一部分内容，成为该部分的专家，因为他要把所学的内容教给别组成员，例如，1 号教给 1 号，2 号教给 2 号，以此类推。
- 每个小组开始学习、讨论并决定哪些是要点和概念，并决定每个人如何向别的组做展示。如果家庭组决定使用图表或其他视觉辅助手段，每个成员都必须制作自己的展示图表。根据要讲的内容多少，这一环节需要 15 ~ 30 分钟的时间。
- 每位专家把自己所学的知识展示给新的小组，他可以回答大家提出的问题，也可以转而求教你。大家要在其展示完成后给予鼓励的掌声。
- 当所有人都展示完毕后，大家回到自己的家庭组，最后讨论一下拼图活动：**哪些有用，哪些没用？还有什么是你需要掌握的？期间遇到了哪些问题？从拼图活动中你都学到了什么？**
- 再次把大家手中的所有原始材料（你之前发给每个小组的材料）收

集起来，复印后发给大家。

3. 概念卡片专家

要开展这个活动，学员需要卡片和笔，按照下面的步骤说明进行：

- 在活动开始前，制作一系列卡片，一桌为一组，一组一套卡片。每张卡片上印着不同的要点或概念，这些要点或概念是从即将要学的教材中摘取的。
- 每个小组成员选择一张卡片，然后站起来，去别的小组找跟自己一样的卡片在谁手中。
- 拿着相同卡片的学员结合到一起，针对某些重要事实或概念的重要细节开展头脑风暴。然后他们把已经了解的信息列出来，或者你在给他们分发卡片的同时给他们一些相关的学习材料。学员把事实和细节写在卡片的背面或空白处，同时可以将对概念进行的一些简短的总结写出来。这一环节给大家 10 ~ 15 分钟的时间。
- 你在教室里四处看看，听一听概念卡片小组讨论的情况，确保大家没有遗漏重要的事实和你认为比较重要的细节信息。
- 时间快到时，学员返回原先所在的小组，轮流把他们在概念卡片小组中写出的概念、事实、细节和总结读出来。小组中其他听讲的成员相应做笔记。
- 整个活动以全组人员针对概念卡片活动要点的讨论告终。如果在活动中漏掉了什么重要事实，记得在讨论中补上。

4. 概念诊所

这个概念诊所拼图活动的灵感来源于组织行为学顾问和著名培训师咪咪・班塔。要开展好这个活动，学员需要纸质资料，同时需要图表纸或法律文件纸、书写工具和马克笔。按照下面的步骤说明开展活动：

- 每个小组给自己起个名字，把名字印在一张大大的、空白的纸上（图表纸或法律文件纸）。

- 给每个小组分一部分学习内容。每个小组针对该内容的重要事实开展头脑风暴，也可以利用你提供给他们的资料。各个小组把讨论的最终结果，即认为重要的事实写在小组的纸上。
- 每个小组把自己的纸传给右边的组。或者按照你指定的顺序，总之，确保每一轮每个小组都能收到别的小组递过来的纸。
- 每个小组将收到的纸上的内容读出来，并补充一些新的信息在那张纸上。
- 每次一个小组会收到一张纸，整个过程如此重复：先读，然后讨论，再写，然后传给下一组，直到每个小组都拿到了自己最开始传出去的那张纸。
- 每个小组花几分钟的时间对纸上的内容写个简要的总结。如果时间允许，每个小组还可以将总结内容分项列表或制成图表。
- 每个小组展示自己的总结成果，将团队图表纸挂在墙上大家都能看到的位置，这样大家在培训期间能够不断回顾所学的知识。

5. 拼图选择

给学员一些概念以及学习这些概念所要用到的资料（教材、幻灯片、工作表、网站等）。或者把这些资料放在拼图资料桌上，同时在桌上放置一些展示用的工具，例如图表纸、3D 展示用到的手工材料，或者一些柔软的可以扔来扔去的物品。向大家说明，在学习时间结束后，每个人都要成为某个概念的专家，并向大家做展示。按照下面的步骤说明进行：

- **2 人一组、3 人一组或其他**。大家可以选择各自的活动合作搭档，只要无人落单。
- **概念和材料**。每个小组选择一个自己想要学习的概念和想用的材料，确保没有概念落下。也即每个小组必须从单子上选择一个概念，并且不能跟别的小组选择的概念重复，直到每个概念都被认领。
- **去哪儿学**。在学习这一环节，每个小组可以在你设定的某个距离范围内活动：教室里或其他房间辟出来的一块区域、走廊都可以，如果你允许在外面也未尝不可。

- **展示方法**。小组可以选择向全班展示自己概念的方式：利用视觉手段辅助的讲演、游戏活动、小品、角色扮演、能展示概念信息的雕塑、投球游戏等。

为学习和展示设定好时间。把活动说明、时限以及任何学员需要了解的活动信息贴出来。你要四处走走，看看大家的理解情况，监督每个小组的活动进展，确保每个小组掌握了自己要展示的概念的要点是什么。

该你上场了

想想都有哪些不同的方式可以让学员变身为老师。在下面的空白处，画一个你自己开展的拼图活动概念图。

概念：概念中心活动

概念中心活动是什么

概念中心可以是培训教室里的一张桌子、一面墙或一块指定的区域，在这些地方学员可以学习或复习跟主题有关的一个具体概念或练习一项跟主题有关的技能。

你可以在教室里设置一个或多个概念中心。学员在培训日的指定时间参加概念中心活动。概念中心可以成为直接教学过程的一部分，也可以成为复习活动的一部分，还可以是两者的结合。如果概念中心是直接教学过程的一部分，在设计 4C 法概念环节及其授课模式时就要把概念中心囊括其中。如果概念中心是复习活动或技能练习的一部分，那么要在概念练习环节将其考虑进去。这么说似乎会让你有点困惑，但这恰恰说明了概念中心千变万化的特性。你可以轻松自如地在教室里一边开展直接教学一边开展实用练习，尤其是培训时间持续一天或更久时。

利用概念中心以及本书此部分教你的众多活动，你完全可以袖手旁观，看着学员自己学习或互教互学，当然，如果需要的话，你可以给予他们一些指导。

下面是概念中心的主要组成要素：

- **内容相关**。概念中心需要跟学员所学的内容密切相关。它们不是凭空加到培训中的活动，例如那些很好玩但是没什么必要的游戏。事实上，他们是整个学习过程不可或缺的一部分。
- **目标明确**。每个概念中心的目标都要明确地印在纸上，让学员都明白为什么参加这个活动如此重要。活动目标可以很简单：回顾我们公司的历史和成长历程。也可以是更具体的行为：为了彰显我们操作数据软件方面的竞争力，还可以是：列明我们公司的记账程序。

- **学员感兴趣**。在培训中，任何能提起学员好奇心以及保持兴趣度的事情都是大有裨益的。所以概念中心应当在视觉上做到有趣味性。例如，利用墙上挂的图表、颜色鲜艳的棋子、各种各样的数据图、能吸引眼球的活动名称、能抓住学员注意力的互动式工作表。
- **说明清晰**。不管你是把活动说明贴在墙上的图表上、分发的教材上、游戏卡上，还是工作表上，活动说明必须简单易懂，让学员能够清楚地了解并遵照执行。这样，宝贵的培训时间才不会浪费在这些无谓事情上面。在概念中心活动开始前，请一名学员读一下说明，并向你解释一下是什么意思，这样你就会知道活动说明是否足够清晰明了。
- **限制时间**。学员需要知道你给每个概念中心活动分配了多长时间。如果要循环开展活动，你要使用一些听觉信号（有节奏的音乐、铃铛、钟声、喇叭）来代表活动开始、停止和循环。

概念中心活动能干什么

把概念中心作为直接教学过程的一部分，你可以：

- 用一种互动的、有趣的方式**介绍**新知识。
- 对学员已知的跟主题有关的知识做**补充**。
- 给学员**提供**更多的资料，让他们自己去探索新知识。
- **保持**学员学习的兴趣高昂、动力十足。
- **回顾**你所教过的或之前培训的内容。
- 使你的培训独一无二、有参与感，让学员久久**难忘**。

学员通过参与概念中心可以做到：

- 利用手边的方法**探索**新知识。
- 在直接教学过程中**保持**参与感，保持头脑清醒。
- 用多种多样以及有趣的方式**复习**内容。

- **深化**理解力，**提高**竞争力。
- **增进**学习的兴趣、热情与动力。

做好准备

- **活动材料**：对于大部分概念中心活动来说，常规的培训材料就够了，部分特定的活动需要一些额外的材料。
- **活动安排**：理想状况下，布置概念中心的活动场地需要在教室或指定区域四周摆一圈桌子，或者整间教室都散布着桌子。如果活动的场地不够大，那就用每个学员所用的桌子。还有一个办法就是把每个概念中心的材料和说明放进一个袋子、一个盒子或一个信封里，在活动开始后发给每个小组。
- **分组规模**：概念活动中心小组应当有 4 ~ 6 人。规模太大的小组会不太容易掌控，反而会牺牲每个人参加活动的时间。规模稍小的组是没问题的，因为活动不是游戏，不一定要多于 3 人才可以。
- **活动时长**：如果你在同一时间要开展多个概念中心活动，那么要给每个活动留出 10 ~ 20 分钟的活动时间。如果场地有限，只能开展一个概念中心活动，参与的学员可能需要分批参加，那么每个活动可能只能持续大约 5 分钟。还有种情况是，学员可以在时间更充裕的时候，例如休息时间或用餐时间开展概念中心活动。

5 种概念中心活动

1. 桌上中心

你创造的每种概念中心活动都要有对应的合适的活动材料。你需要把每个中心的活动说明贴出来。按照下面的步骤说明进行：

- 如果你已经准备好在你的培训中使用概念中心了，那就从一个简单的概念中心开始吧，在活动开始前做一两个复习游戏。把游戏桌对着培训教室的一面墙摆放。这就是学员要访问的一个概念中心了。

学员可以在培训期间多次访问这个概念中心。给你一个游戏建议，看看本书第三部分“学员设计的游戏”的内容（这些游戏都很简单，用的是卡片和纸）。

- 在桌子上方的墙上挂一张图表，上面写着“**游戏中心——试试你的运气**”或者类似的话，能够激发学员的好奇心，增加兴趣度。
- 告诉学员在培训的间歇或用餐期间可以访问概念中心。大家会选择一个游戏，跟培训班的同学或本组的伙伴一起花大概 5 分钟的时间做这个游戏。游戏结束后，他们会把游戏用品还回游戏桌，以便其他小组使用。
- 如果你在概念中心准备的复习游戏够多,你可以在培训期间每隔 5～10 分钟就让每个组自己选择一个游戏，所有小组可以同时开展不同的游戏。

桌上中心的变形还包括：

- **游戏桌轮转**。同样使用上面提到的复习游戏活动，把游戏桌分散的摆在教室的不同地方，把游戏放在不同的游戏桌上，而不是一张桌子上。在规定的时间内，每个小组聚在一张桌子前完成一个游戏，然后迅速转向下一桌完成另一个游戏。
- **新内容概念中心**。如果你已经适应了概念中心的复习活动，那就创造一个能够学习新内容的概念中心——学习那些跟主题有关的乐于了解的内容。这些东西会给你正在教的内容增添价值，但不会在正式的授课环节讲到。这些东西可以是阅读材料、附带答案的迷你测试题、自我测评、阅读填空题等。鼓励学员在培训期间访问新内容概念中心。
- **桌上中心轮转**。如果你想让学员在超过 1 小时或 2 小时的培训时间里轮转一系列概念中心，那就利用学员已经就座的桌子。你来决定哪个桌子成为什么中心，然后把所需材料放在相应的桌子上，这样学员就不用去找学习材料了。你这样跟学员讲：
  - **与跟你坐在同一桌的同学成为一组，选一个人当你们的组长。**

- 读一下中心说明，然后参加中心活动。
- 中心活动时间为（你给出一个时间）分钟。开始轮转的信号是（你给出一个信号）。
- 在你离开本中心前，为下一组的到来把该中心整理好。

你可以让大家按照顺序一个一个把所有中心轮转一遍。也可以让学员早上轮转一部分中心，吃完午饭后把剩下的中心轮转完。整个轮转结束后，组织全班同学针对概念中心开展一次讨论，你可以问：

- 从概念中心你学到的关于培训主题最重要的事实是什么？
- 你觉得哪个活动让你最受益？为什么？
- 你还有什么跟主题有关的问题？
- 你还希望探索跟主题有关的哪些问题？
- 你对于概念中心活动还观察到了什么？还有什么看法？

在本章尾部看两个桌上中心轮转的实例，你会更加详细地了解如何使用概念中心的变形。

2. 墙上中心

按照下面的步骤说明进行：

- 指定墙上一块区域作为概念中心，在培训开始前把中心创立起来。
- 在墙中心贴上跟主题有关的概念、事实和问题等。为了使贴出来的信息更有意思，你可以给墙中心起一些好玩的名字，例如“**那些你不知道但是想要学的东西**”（跟主题有关）、“**信不信由你**”，或者“**鲜有人知的事实**”（跟主题有关）。
- 如果你想让学员利用墙上的信息开展活动，你也要把活动说明贴在上面。举个培训的例子：在一家虫害防控公司组织的虫害防治课上，墙上中心展示了各种各样的家庭害虫——配上照片、描述、习性以及侵害信号等。墙上贴出来的还有需要讨论的问题以及让学员在讨论完问题后写总结陈述用的空白图表。贴出来的问题有：

    - **看完墙上这些信息，对于虫害防治你有什么是之前不知道但现在了解了的？**
    - **利用这些信息你能干什么？**
    - **你觉得还有什么信息会对你有所帮助？**
    - **还有哪些资料可以增进你已有的了解？**
- 解释这个中心的目的是什么。请学员在培训期间不时访问中心，或者把访问中心当作培训的必修项目。

墙上中心的变形：

- **学员创造中心**。如果培训时间比一天要长，你可以请学员创造一个或多个墙上中心。这些中心可以简单地展示他们从培训中学到的内容，或者墙上中心可以涵盖一些热身活动以及其他资料中的内容。（见本书第一部分热身活动）
- **添砖加瓦**。以一个概念标题、图表或一两条信息开始墙上中心活动。请学员在培训期间把自己的信息图表加进去。
- **概念拼贴画**。学员可以把任何跟主题有关的东西带到培训中来，挂在墙上，如照片、报纸或网站文章、网站链接、跟主题有关的物品、书名等。请一些自告奋勇的学员的利用这些材料创造一个墙上拼贴画。学员可以在培训期间丰富并完善拼贴画。

3. 讨论中心

跟世界咖啡（见名为“世界咖啡”一章：以有意义的谈话为手段的创新过程）的方式相似，讨论中心是指，在教室里划出一定区域，由学员组成的小组对某一些跟主题有关的具体问题开展讨论。按照下面的步骤说明进行。

- 在教室里指定一个或多个讨论中心区域。
- 在每个中心里，贴出一个说明：回答一个问题、讨论一个概念、解决一个困难、运用一条学到的信息或者任何跟主题或概念有关的东西。
- 每个小组指派一人在讨论期间做笔记，然后将笔记粘在讨论中心的说明图表上。或者，每个小组对讨论情况做一个简短的总结陈述，把总结贴在墙上的图表纸上。

4. 计算机中心

按照下面的步骤说明进行：

- 通过指定特定的一部分计算机作为计算机中心，把一个计算机实验室改造成概念中心。
- 计算机中心的说明可以打在计算机屏幕上，也可以印在纸上放在计算机旁。
- 学员 2 人一组或 3 人一组，轮流从一台计算机换到另一台计算机。在每个计算机中心里，大家按照说明，讨论学过的内容，然后重置计算机给下一组使用。

两个关于计算机中心的例子：

- 为了培训一个新的数据库软件，每个计算机中心给学员都准备了一个说明，教大家做一部分数据库的使用练习。大家在练习的时候 2 人一组互相帮助、互相指教。
- 在一次保险公司的培训中，每个计算机中心介绍了不同的保险范围。学员 2 人一组，阅读计算机屏幕上的信息，然后进行讨论，最后在计算机上完成一个简短的测试。

计算机中心的变形：

- **互联网搜索**。如果在计算机实验室里可以使用互联网，那就在每个计算机中心搜索跟主题有关的各种信息。例如，第一个中心，学员搜索跟主题有关的网页文章；第二个中心，搜索书名；第三个中心，搜索跟主题有关的博客；第四个中心，搜索维基百科的信息。学员对搜索过程与结果进行总结，并在计算机中心活动结束后向全班报告。
- **博客**。博客是“网络日志”的简称，是网上日记的一种形式，读者可以在网上阅读博客并在下面发表评论。你在计算机中心里发布第一篇博客，然后让学员在下面添加自己的评论。你的博客内容可以是跟主题有关的问题或观点。学员的评论可以是问题答案或者对观点的评估。

- **突击测验**。在计算机屏幕上给大家出一道跟主题有关的突击测验题。第一组先进行讨论然后把答案打出来，随后第一组出一道题，第二组接替后，先读第一个问题并做出回答，如果他们愿意，还可以回答第二个问题。随后第二组提出第三个问题。按照这样的模式依次进行，直到所有小组都完成了提出问题和回答问题的任务。
- **维基百科**。维基百科是网上的百科辞典。它跟博客不同，博客是一个人在发布一篇博文后其他人只能在下面发表评论，而维基百科是任何人都能在一个维基百科条目上完善信息。在维基百科中心，学员可以任意添加跟主题有关的信息。

5. 学员创造中心

这是一种桌上中心的迂回形式。学员创造桌上中心，然后轮流从一个桌到另一个桌开展活动。

- 每个桌上中心从一系列可能要学的概念里选择一块培训内容。
- 确保每个桌子上所有必备的内容资料都齐全：分发的教材、工作表、幻灯片，可以上网（如果必需的话）等。除了像马克笔、卡片等常规培训用具外，每个桌子还要有卷带、图表纸、建筑用纸或卡片纸。如果还要开展计算机中心活动，CD 光盘也是需要的。
- 每个小组成员要对选择的培训内容尽可能地熟悉。在每个小组开始创建自己的中心活动之前，你要确保他们知晓所负责内容的要点有哪些。
- 每个小组设计并创造一个中心，把所学的内容教给其他小组。每个小组选择一个跟别组不同的方式，例如桌上游戏、动画卡片、主题讨论、阅读教材、测试问答或阅读图表。你可以把一些活动选项贴出来，让每个小组依次认领，认领后把相应的活动选项画掉，这样就可以保证每个小组采用的活动方式都各不相同。（参阅本书第三部分“学员设计的游戏”）

- 当所有的小组都蓄势待发后，就让他们开始在各个桌子间轮转，参加由其他小组创建的各种各样的中心。如果时间允许，大家可以将其他小组的所有中心轮转一遍。如果时间不长，每个组可能只能访问一两个中心。
- 当轮转时间结束，组织全班同学对所学的内容开展一次讨论（或者分小组讨论），看看大家还有什么问题或者还想知道哪些跟主题相关的信息。

该你上场了

制作一张概念中心创意的概念图。把你的创意写在下面，或画在下面。

概念中心的实例

实例 1

下面是概念中心的 6 个实例，节选自我组织的一部分全天候培训师培训课程。这些中心活动结合了 4C 法步骤中的两个步骤：概念和实用练习。有 5 ~ 6 个组的学员在下午的 2 小时的培训时间里轮转了 6 个中心。每个中心的活动时间在 20 分钟左右，当然还有几分钟的整理时间以及中心之间的赶场时间。这些中心如下所述。

- **第一个中心：使用你的身体和声音**。一位访客作为引领人，引导大家做一系列简短而有趣的活动，活动的主题是如何在培训中使用高效的身体语言。这对于学员来说是崭新的内容。
- **第二个中心：你究竟了解了多少？**学员同心协力地完成工作表的填空工作，这些工作表涉及早上刚学过的主要概念。大家在完成后跟答案比对。这是对之前学习内容的一次复习。
- **第三个中心：夺宝开口游戏**。这是一个竞争性的游戏（见本书第三部分“学员设计的游戏”），学员可以把它当作复习概念的一种活动。
- **第四个中心：真伪辨别游戏**。每位学员自己读一小段关于教学设计新方法的内容，这些内容不在前面所学之列。随后，学员开始做一个真伪辨别的游戏来复习所学内容。（见本书第三部分“学员设计的游戏”）
- **第五个中心：最好的练习**。学员参加小组讨论，讨论的主题是自己参加过的最好的练习是什么，以及如何使用白天早些时候学到的跟培训主题有关的内容。
- **第六个中心：劲头与延伸**。这个中心可以让每位学员对自己的个人培训的劲头和延伸进行评估，这个中心还包含一个行动方案部分，帮助学员将延伸学习变为学习的劲头。每个学员都要自己完成阅读过程并给自己打分。

实例 2

这个概念中心的例子来源于霍尔马克卡片公司的销售培训师艾米·佩里。这个中心曾用于给公司新进销售代表进行新产品系列的介绍。这些员工必须尽快熟悉新产品的各个方面从而开展销售工作，要熟悉的内容包括产品的外观、价格、工艺流程以及每个产品迭代的背景信息。过去，介绍这些信息需要花一整天的时间，逐个逐个靠嘴去讲。

这个中心是怎么做的呢？在会议室里，四周摆放 9 个桌上中心，每个桌子旁放一个大的三脚展板，代表一个产品系列。这些产品系列有：卡片、聚会用品、文具、礼物包装、书、电影 CD、音乐 CD、礼物和相册。产品身上贴有照片和重要信息，或关于产品的一些统计数据。每个中心都放一个产品小样以及目录和关于产品的支持性资料。

员工们 3 人一组在会议室内轮转（如果他们愿意也可以自己行动）。他们访问各个产品的各个中心，以自己的节奏填好自学表格。活动中可以允许大家触碰、感受产品，阅读最近、最真实的产品目录；活动还给大家提供了一些全面的、深入的信息，从而给销售行为提供必要的支持。这个概念中心持续了差不多一天，允许大家跟自己的工作伙伴或培训师展开互动。培训师全过程都在场——随时回答关于产品的任何问题。

在培训结束前，培训师把新员工们聚在一起，开展一个全班大讨论，针对新产品线所学到的内容进行总结。最后，培训师再进行一下答疑，员工们则对自己所学的知识进行评估。培训师在大家离开前对大家的努力表示感谢。

第三部分

实用练习

关于实用练习你需要知道什么

如果不进行实用练习，那么学到的东西将毫无意义，不管别人给你讲了多少。

——选自帕特西亚·沃夫的《大脑之事》

本章的时间轴概念图

在你阅读本章内容的过程中，把你所学的内容加到下面的概念中去。

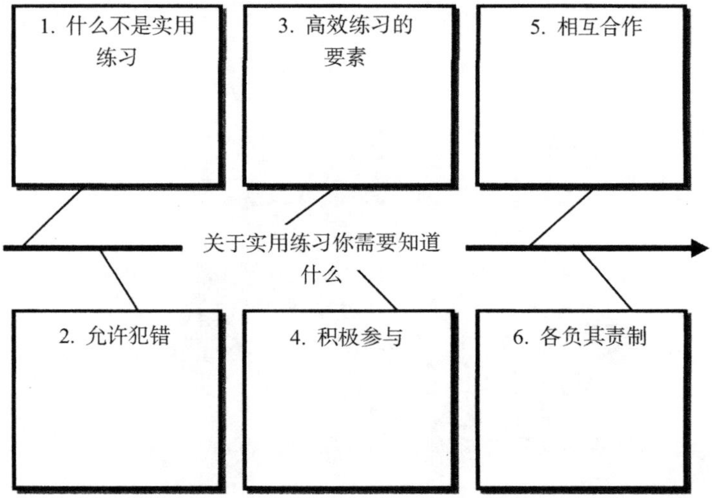

联　系

仅限1分钟

1分钟联系练习：快速通道

联系有很多表现形式。判断下面的说法，在你认为较好的练习前标“优”，在你认为较差的练习前标“差”：

1. ____大家坐下来观看一个视频短片，短片介绍的是大家需要掌握的计算机数据库软件登录步骤。
2. ____在一个培训安全知识的会议上，借助真正的装备，每位学员都要教会另一名学员掌握如何安全地搭建梯子、扶握梯子、攀爬梯子以及跳下梯子。
3. ____大家两两坐在一台计算机前，轮流练习如何创建电子数据表，一个人练习的时候另一个人在旁边指导，给出建议。
4. ____把大家分成两队，每队派出一个人参加复习游戏，看谁得分较高。其他人在旁边观看整个比赛过程。
5. ____在虫害防治课堂上，以如何确定受到白蚁侵扰为题，对大家进行书面测试。
6. ____在一家零售商店的培训中，学员观看别人演示如何操作收银机。
7. ____每位学员跟自己的搭档合作进行角色扮演，情境是如果碰到客户不满意你会怎么说。
8. ____所有的学员通过翻阅员工手册学习电话呼叫中心的工作流程。
9. ____培训师问大家有没有什么问题。

将你的答案跟下面的答案比对：

1. **差**。大家坐下来观看一个视频短片，短片介绍的是大家需要掌握的计算机数据库软件登录步骤。**大家需要的是在真正的计算机上直接操作。**

2. **优**。在一个培训安全知识的会议上，借助真正的装备，每位学员都要教会另一名学员掌握如何安全地搭建梯子、扶握梯子、攀爬梯子以及跳下梯子。**这是能发挥最佳效果的技术倚赖型的练习**。

3. **优**。大家两两坐在一台计算机前，轮流练习如何创建电子数据表，一个人练习的时候另一个人在旁边指导，给出建议。**这又是一个实用的、技术倚赖型的练习。**

4. **差**。把大家分成两队，每队派出一个人参加复习游戏，看谁得分较高。其他人在旁边观看整个比赛过程。**只有两个人参加这个活跃的复习活动**。

5. **差**。在虫害防治课堂上，以如何确定受到白蚁侵扰为题，对大家进行书面测试。**书面测试检查了对知识的理解程度，但仍需要学员进行一个技术倚赖型的练习。**

6. **差**。在一家零售商店的培训中，学员观看别人演示如何操作收银机。**这是一个好的开始，但是仍然需要学员亲手操作一下**。

7. **优**。每位学员跟自己的搭档合作进行角色扮演，情境是如果碰到客户不满意你会怎么说。**这个很实用，很有实验色彩**。

8. **差**。所有的学员通过翻阅员工手册学习电话呼叫中心的工作流程。**阅读并不实用**。

9. **差**。培训师问大家有没有什么问题。**这不是会议的问答环节**。

在本书的这一部分，你会了解到什么是实用练习，什么不是实用练习，以及高效练习的要素都有哪些。这一部分同样介绍了 15 种实用练习策略，能够强化学员对技能以及知识的记忆。

想象一下……

培训结束了，学员陆续离开教室，你一整个早上都没坐下过，现在可以坐下来，回想一下大家都做了些什么。回忆刚刚过去的 3 小时，你意识到整个学习过程最棒的地方在于，学员参加了一些练习活动，这些活动给大家一些机会将所学到的知识用于实践。

你之前把活动清单贴在墙上，让每个小组挑选一个自己感兴趣的活动，活动清单上列出了活动名称，如桌上教学、循环往复、夺宝开口、投球游戏、桌上展示、循环教学、合作危机与小组寻宝。你把每个小组所选活动的活动说明发给他们，依靠这些活动，部分小组就可以在自己的成员间开展技能练习了。部分小组还可以创造一个全班参与的复习活动。整个过程都是活跃的联系与复习活动，大家进行讨论，合作开展工作，整个过程充满了欢声笑语，与此同时不耽误学习。

当学员离开教室时，你会听到大家都在谈论从这次培训中学到了很多东西，度过了一段美好的时光。在你站起来关上培训教室的大门时，你会由衷地感叹道："这是一次非常有效的实用练习，令人十分满意。"

概　　念

练习，如果要给它定义的话，意思就是做点什么事情。很明显，实用练习其实是这样的：学员不断地练习某项技能，直到能够熟练运用为止。如果不需要学习什么新技能，那么实用练习就变为对所学知识进行复习。不管是哪种方式，**所有的**学员都能参与到活跃的练习活动中，是所有学员，不是一部分。

什么不是实用练习

因为实用练习是培训过程中最有挑战性的一个环节，所以了解什么不是实用练习对你会有所帮助。高效的实用练习不是：

- 观看培训师展示技能。
- 阅读或者观看别人展示技能的视频。
- 有一名到两名学员在复习游戏中展开竞争，其他人在旁边看。
- 成为有竞争力的团队的一分子，这个团队中只有队长参加了竞争。
- 复习活动或复习游戏跟主题无关。
- 书面测验，尽管书面测试也是练习的一部分内容。
- 培训结束前的问答环节。
- 在高风险的环境中演示技能，如果发生错误将会酿成严重的后果。

除此之外，有的时候实用练习与概念复习之间界限比较模糊。如果缺少在实际环境中进行以实际行为为本的技能练习，那么实用练习环节就会彻底变成披着活动外衣的概念复习。这样反而培养的是知识倚赖型的能力，而不是技能倚赖型的能力。而培训的目标恰恰是练就技能倚赖型的能力。

允许犯错

想一想你都掌握哪些肢体技能，想想当初做了多少练习才对这些技能驾轻就熟。开车、演奏、烹饪或运动都会涌入你的脑海。你一路走来犯的错误是学习过程的重要一部分。当你学习技能的时候，受到鼓励也十分重要；直到你能够展现自信，熟练地掌握某项技能时，你的好胜心才会偃旗息鼓。

实用练习是一个**接近完美的过程**，意思是犯错（以及学会如何纠正错误）本身就是练习的一部分。所以，实用练习的目标不是苛求完美，它真正的目标是塑造一定水平的能力、掌握一定水平的知识。

掌握知识同样需要在一个具有协作性、风险低的学习环境中开展实用练习，直到学员能够展现出知识倚赖型能力。一些跟知识倚赖型能力有关的工作实例有：使用计算机软件，高效处理客户诉求，处理热线来电，填写表格，解析数据，打销售电话，创建员工日程安排，管理员工，与工作伙伴沟通，建立一支团队，解决问题，等等。为了把这些能力同诸如操作设备、遵循安全规程、开展调查或建造大楼等这些肢体技能区分开来，我们可以把这些能力称为认知能力或人际交往能力。

不管是练习技能还是获取新知识，犯错都在所难免，并且有的时候犯错是必需的，它是实用练习的一部分。我之所以强调这点是因为许多培训师仍然在臆想，他们认为学员听了信息讲解、看了技能展示就能把技能学会，并在第一次上手时就能正确无误地使用。当大家能够接受接近完美是高效实用练习不可分割的一部分时，学员就能大步流星地迈向能力养成的大门。

试试这个

学员创造的练习。你试一下，不去安排练习活动，不告诉大家怎么做，让大家自己创造一个活动。给大家几分钟的时间想出一个练习策略，这个策略要能在小组中或全班同学中开展。或者看看谁愿意自告奋勇为全班同学创造一个活动。活动的要求是必须覆盖全班所有人，必须能够培养能力或增长知识，并且在规定的时间内完成。

高效练习的要素

以下是实用练习的三个要素，它们对于增进技能倚赖型能力与知识倚赖型能力都有益：

- **人人都积极参与**。每个学员都需要多个机会展示技能或参加到活跃的复习活动中。
- **学员之间的互相合作**。当学员通力合作去学习一项新技能时，比相互之间开展竞争，会学到更多的东西。
- **各负其责制**。学员需要知道自己期望做到什么，或者懂得如何展现属于自己水平的能力。

积极参与

正如我之前说过的，培训师最常犯的一个错误就是，当他们组织练习活动时会理所当然地认为，只需要一部分学员将技能展示给大家观看，大家就都能学会。其实不然，所有的学员都需要参与到实用练习中，即便是大家轮流参与，也必须全部参与。

积极参与不意味着一定要一次性把所有的练习都做完。技能倚赖型练习可以划分为几个小部分，跟概念教学的分解部分对应起来。通过这种方式，学员每次都可以练习多步骤程序其中的一小部分。例如，在如何利用海姆立克急救法处理窒息患者的安全培训中，学员两人一组，在老师的讲解下，一步一步练习急救过程。当学员能够正确地演示每一步时，可以让他们练习一下急救的全过程。

如果培训是知识倚赖型的，那么学员可以用一种活跃的复习方式对所学知识进行复习，如游戏、演示、讲给老师等。开展复习游戏时身体越活跃效果越好。例如，在客户服务培训中，每个小组对真实生活中碰到的客户服务事务进行角色扮演，展现处理这些事务的合理方式。

互相合作

当前的大脑科学研究强调了学习过程中合作的重要性。当一个学习团队以一种积极的氛围开展学习时，能够促进团队成员学习，当这个团队为其成员提供支持与鼓励时，学习效果就会有所改善。杰·克洛斯认为："人类存在于各种各样的关系中，是社会关系网中的一分子。人类的大脑中有神经网。学习就是与人类的各种网之间建立并维持良好联

系的一个过程。”（2007 年，第 7 页）

与之相较的是，竞争“专注于（学员）努力实现自己的目标，同时阻止（别的学员）做得比自己好”（巴克利、克洛斯和梅耶尔，2005 年，第 17 页）。但这并不是说竞争就是坏事儿。这项研究仅仅指出，对于许多人来说，当强化合作而不是强化竞争时，学习效果会有所改善。竞争似乎会增强已会的技能，但仅仅是针对那些依靠肾上腺素急剧分泌来与人竞争的那些人而言。许多学员一碰到竞争就蔫儿了。窍门就在于不是避开竞争，而是要去竞争化，增加更多合作性，或者使竞争成为整体练习时间里微小的一部分。

各负其责制

学员需要清楚自己在此次培训中期望做到什么或了解到什么，以及如何决定自己达到什么样的能力水平。如果他们在一开始就有机会了解到学习成果会是什么样，并能够有所讨论，写下自己的学习目标，那么实现各负其责制就会更加容易。学习成果和个人目标会帮助大家对自己肩负的责任保持专注。大卫·梅耶尔提醒我们“只有学有所用才是学习”（2000 年，第 101 页），所以实用练习需要跟培训的学习成果紧密联系在一起。跟学习成果无关的练习活动或练习游戏是对宝贵学习时间的一种浪费。

1 分钟概念复习

列个清单

现在从速：不要往回看，把高效实用练习的三要素列出来，写在下面，然后回到本章查查你写得对不对。

1.

2.

3.

实用练习

要在你的培训课上使用实用练习，可以从本书这一部分的 15 个活动中挑选一个或几个活动。有些活动很简短、快捷，你可以把它们插在每个概念讲授的后面。你还可以把要讲的全部内容和（或）技能融合到时间更长的练习活动中。总之，哪种方式对你和你的学员最管用就用哪种。

活动可以分为三大类。下面是每一大类的名称与简介：

- **5 种互教活动：两人互教、桌上互教、单腿互教、即兴互教、圆圈互教**。利用这些合作性的活动，学员能够教授别人、指导别人、鼓励别人，并能给彼此一些反馈和忠告。
- **5 种技能倚赖型活动：室内导师、人人都来教、循环往复、桌上展示、游戏秀**。在职培训（学员以学徒的身份进行职业体验）是学习技能、练习技能的最好的一种方式，本部分介绍的活动会带给你一些方法，包括在教室环境下模拟这种指导方法。
- **5 种学员设计的游戏。卡片游戏、夺宝开口、合作危机、投球游戏、小组寻宝**。尽管竞争通常是游戏的主要元素，本部分介绍的游戏会弱化竞争，强调合作。

1 分钟实用练习

做出改进

现在你已经知道高效的实用练习包含哪几种要素，想一想你怎么才能把下面差劲的练习变成很棒的练习。在每条说法后详细描述一下你可能采取的改进意见，然后将你的答案跟我的答案做个对比。

1. 学员坐下来观看一段介绍计算机数据库软件操作步骤的视频。**你可能做出如下改进：**

2. 两队各出一人，在复习危机游戏中展开竞争，看谁的得分更高。剩下的人在一旁观看整个竞争过程。**你可能做出如下改进：**

3. 在虫害防治课堂上，针对如何判断是否受到白蚁侵扰给学员做个书面测试。**你可能做出如下改进：**

4. 在零售商店的培训中，学员观看别人是怎么操作收银机的。**你可能做出如下改进：**

5. 所有的学员通读一遍员工手册，学习电话呼叫中心的工作流程。**你可能做出如下改进：**

6. 培训师问大家有没有什么问题。**你可能做出如下改进：**

下面是我的答案，跟你的答案可能有所不同，但你的答案应该包含一个或不止一个高效实用练习的要素。

1. 观看完视频后，学员两人一组聚在计算机前，一人练习数据库软件的操作程序，一人在旁边给予指导。
2. 每队剩下的人要齐心协力想出本队问题的答案。大家要轮流当队长，这样每个人都有为本队说话的机会。
3. 书面测试结束后，学员轮流详细介绍如何判断是否受到白蚁侵扰。他们也可以身体力行地去演示如何使用虫害防治设备。
4. 观看完演示后，学员轮流操作收银机，互相给予指导。
5. 学会们互相教彼此电话呼叫中心的工作流程，然后边相互指导边实践。
6. 每个桌上小组在卡片上设置一系列测试问题。各个小组再交换卡片，然后把问题的答案写在收到的卡片上。

总　　结

为了使实用练习对所有学员都有效，你使用的策略必须包括积极参与、相互合作以及各负其责制。实用练习就是“实践的检验”，如果你愿意——你能看到的变化就是学员从知识倚赖型能力向技能倚赖型能力转变。

光看书本你是学不会游泳，也学不会弹琴的。

——选自帕特西亚·沃夫的《大脑之事》

1 分钟总结

学习日志

想一想你曾用过的或在别的培训课上见过的实用练习策略。把那些你认为特别管用的练习名称写下来。这些策略包含本章讲过的高效实用练习三要素吗？同时想一想曾经见过或者用过的效果不明显的练习活动是怎样的。在这些效果不明显的活动中，高效实用练习三要素中有哪些要素是缺失的？

培训师工具箱

把本章你认为有用的信息记下来，并给本页做个标记。

实用练习：互教活动

互教活动是什么

通过互教活动，学员会互相教授彼此学过的内容。教授的方式有很多种——口头传授、演示、角色扮演、技能指导等。

除了能帮大家学习并记住新知识，互教活动也是培训师检验学员理解程度的绝佳方式。等你看到学员讲解、演示、教授学到的知识时你才会真正了解大家的理解和记忆水平。利用互教活动，你可以对大家的理解程度了如指掌，并且能够判断某些概念需不需要再教一遍。

互教活动跟拼图活动（见本书第二部分）截然不同，因为互教活动的重点在学过的内容，而拼图活动则是介绍新内容的方法。不管是哪种活动，老师都会袖手旁观，看学员怎么教别人，怎么从别人那里学到东西。

转身谈话（见本书第一部分）是迷你版的互教活动，它是利用 1～2 分钟的时间进行口头上的信息交换。

互教活动能干什么

对于学员而言，参加互教活动能够：

- **深化**对所学知识的理解力。
- **增进**重要信息的长期记忆力。
- **澄清**对信息的误解或疑惑。
- 使大家**清楚**学到了多少东西，还需要学什么。
- 在教别人的时候**增进**自信心。
- **帮助**大家掌握所教的内容。

通过观察学员参与互教活动，老师能够：

- **发现**学员的理解程度，**弄清楚**大家还有什么是不懂的
- **评估**学习的得失，看看是需要更多的直接教学还是更多的复习。
- 必要时，对学员及团队提出有建设性并鼓舞人心的反馈。
- **记录**每位学员在活动中的表现，为后续的复习活动提供参考，使复习活动更能满足具体的学习需求。

做好准备

- **活动材料**：提供常规的培训材料。对于特别的活动，参阅活动说明准备额外的材料。
- **活动安排**：教室的空间必须足够大，以免学员在教别人的时候来回走不方便。如果可能的话，除教室外再使用一块突围区。
- **分组规模**：任何大小都可。
- **活动时长**：根据信息量的大小或者要教的技能复杂程度，活动时长也各有不同。通常情况下，互教活动会持续 5 ~ 20 分钟。

5 种互教活动

1. 两人互教

让学员站起来，各自寻找一个搭档（如果学员总数是奇数，3 人组也可以），做下面的任何一项都可以：

- 两人轮流讲解培训的应知应会信息。
- 两人轮流演示要学的技能，互相给予积极的反馈、建议与鼓励。
- 两人轮流向对方提问教材上的内容。
- 两人一起开展一个为时 1 ~ 2 分钟的角色扮演活动，展示应知应会的信息或要学的技能，然后在全班同学面前表演。

2. 桌上互教

按照下面的步骤来做：

- 给每个小组分配一块特定的内容，让每个小组教给全班同学。
- 每个小组准备一个简短的展示，展示的内容可以是 1 ~ 2 分钟的简单总结，也可以是为时 5 ~ 10 分钟的多媒体演示，如视觉手段、幻灯片、图表、互动策略或演示。
- 每个小组展示完成后，大家都要报以鼓励的掌声。

3. 单腿互教

学员站起来后，3 ~ 5 人为一组组成几个小组。每位学员对所学的知识进行总结，但是总结的方式有个有趣的变形：讲话的人必须在讲话的时候单腿站立。这样能保证总结得很简短，还会给互教活动增加一点诙谐感。

4. 即兴互教

即兴互教活动是一种角色扮演，但利用了更多的自发性、更少的约束，给角色扮演增加了更多的趣味性。当你对学员说“**我们要做点儿即兴活动**”时你不会听到不情愿的嘟囔声，但当你说“**让我们做个角色扮演游戏**”时，你也许会听到抱怨声。即兴互教活动是这么做的：

- 跟学员解释什么是即兴互教，每个小组需要在 2 分钟内整体完成 8 个互教活动。这意味着每个互教活动只有 10 ~ 15 秒的时间。
- 挑选一个计时员，当到 15 秒时给你们一个信号。
- 各组出一名成员自告奋勇成为活动第一人，站起来讲述到目前为止大家都学了什么，以此来启动活动。当他说话的时候可以表现得要多夸张有多夸张，利用姿势和语调来对学过的内容进行强调，还可以增添点幽默感。
- 讲到一半时（或者计时员在到 15 秒后给出信号时），第一个人立即停止讲话，并叫出下一个人的名字。
- 下个人站起来，立即接替上个人未完成的即兴表演。第二个人讲够

10 ~ 15 秒后，立即中止讲话，喊下一个人的名字。

- 按照这个模式继续往下一轮，直到规定的活动时间用尽或 2 分钟的时间用尽。

想要利用即兴互教活动练习技能，按照下面的步骤说明进行：

- 同样地，每个小组必须在规定时间内完成即兴活动。活动需要挑选一名计时员。
- 每组中有一名组员自愿成为演示技能的第一个人。
- 在第一个人展示的中间停下来，下一个人接替进行第一个人未完成的展示。
- 如果两三轮后学员就演示完了一项技能，演示将重新开始，下一个人将从头开始重复演示该技能。直到学员完成了规定数量的互教活动或者计时员喊停。
- 对于技能练习来说，学员可以在演示的时候表现得夸张一点，这会给即兴教活动这种方式增添一点幽默感。

5. 圆圈互教

按照下面的步骤说明进行：

- 学员围着一名志愿者站成一个圆圈。如果整个班级很大（20 个人或者更多），学员以 10 个人为一组站成一个小圈。
- 站在圆圈中央的人拿着一个柔软的、可以抛掷的物品（如毛毛球或泡沫球）。这个人对所学的内容进行一个快速的总结与演示，然后把球抛给别人。
- 接到球的人站到圆圈中央（抛球的人站到圈外，活动重复进行）。
- 如果圆圈足够小，那么每个人都有机会站到中央做圆圈互教。如果圆圈很大，或者活动的时间很有限，那么你可以将互教活动减少到几次。

该你上场了

制作一张你自己互教活动的概念图。我在下一页给你准备了一张本部分互教活动的概念图。

互教活动概念图

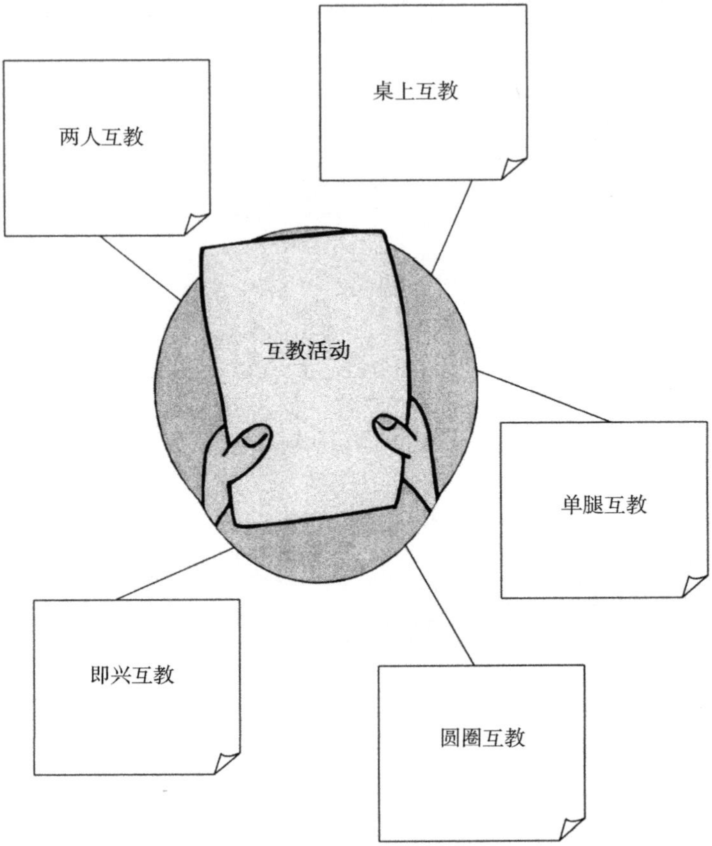

实用练习：技能倚赖型活动

技能倚赖型活动是什么

技能倚赖型活动是一种真实的技能练习活动，学员可以在培训期间身体力行地练习所学的技能。技能倚赖型活动也可以当作一种仿真练习，也就是体验式地练习一项技能。练习实际技能的一个很好的例子就是在驾校培训期间开车，而仿真技能则好比利用操作计算机驾驶软件代替开一辆真车。

显而易见，如果培训内容中有实际的技能，那么学员就应该不同程度地练习这些技能。然而许多培训课并没有给练习技能留出足够的时间。还有一种情况是有的时候培训师不太知道怎么去设计安排以及把控一个技能倚赖型活动。然而，尽管有这么多限制，但是实用练习仍然是学员好好学习该技能并在培训结束后掌握并运用它的最好方式。当然，实用练习也能明显增进学员对知识和技能的长期记忆力。

只要在培训期间给学员足够的练习时间，本部分的技能倚赖型活动就很好安排，也很容易把控。

技能倚赖型活动能干什么

学员在参与技能倚赖型活动时能够：

- 通过培训师的指导、鼓励，**练习**技能。

- 安全地**犯错**，不用害怕后果。
- 边练习边**自我纠正**。
- **纠正**别人的练习。及时指出不足。
- 在展示和表现所学技能的同时**获得自信**。

做好准备

- **活动材料**：根据活动需要，你应该准备常规的培训材料，同样需要准备活动说明里提到的材料。
- **活动安排**：大部分活动不需要特别的安排，只需要教室里有足够的活动空间或者户外有额外的活动空间，让学员能够来回走动。如果利用的是真实的办公场所（办公室、呼叫中心、设备区等），你需要在培训前安排好上述事情。
- **分组规模**：任何大小都可以，只要有足够大的空间开展活动。
- **活动时长**：活动时长因活动不同各异。通常情况下技能倚赖型练习会持续 15 ~ 60 分钟。

5 种技能倚赖型活动

1. 室内导师

最有力的技能练习已经流传了上千年：实际工作中老师傅的传帮带，换句话说，就是师傅带徒弟。在实际培训中，非常值得花时间和精力去安排这种类型的技能倚赖型练习活动。如果有条件进行该类活动的话，那么按照下面的步骤说明进行：

- 让学员组成导师二人组，一人是更有经验的学员（导师角色），另一人是经验较少的学员。
- 在开展室内导师活动时，如果所有学员都没什么经验，那么你可以考虑能不能从课外请一些有经验的人来当导师（公司员工、部门主管、之前培训课上的学员、某领域的专家等）。

- 在练习活动中，经验较少的学员在展示技能时，导师在一旁提供指导、建议、忠告、鼓励和反馈，练习活动会变成对现实生活中的情景仿真。
- 记得提醒导师给经验较少的“徒弟”一些积极的反馈，这很有用。你可以在墙上挂一些给导师看的标语：**“你做得很棒！你还可以试试这么做。还有呢，你可能还想这么做。你马上就要成功了。这次你离成功很近。让我们把这一步改良一下。让我们再复习一下。你做到了。”**

2. 人人都来教

这个活动跟两人互教活动有点类似，跟它不同的是，在人人都来教的活动中，一个学员会假装她完全不懂要学的这项技能，同组的另一个人要首先给她展示这项技能，并教会她。然后两人互换角色。

当同一组的两个人水平差不多的时候，人人都来教活动就非常管用。它对于计算机实验室的技术培训来说也一样管用。即使每个人都坐在自己的计算机工位，让大家两两一组开展技能培训，互教互学也一样有实际意义。

3. 循环往复

如果技能练习包含一系列程序性步骤，那么这个活动的效果就会很好。按照下面的步骤说明进行：

- 每个桌子为一组，把一项技能的程序性步骤印在图表或纸上，然后贴在每张桌子上。
- 每个小组里，大家轮流展示一个步骤，在一个人展示步骤的同时，小组的其他人充当导师角色。
- 学员要依次轮流展示技能的步骤，每组要轮过来一遍或几遍。

下面是循环往复活动的一些变形：

- 培训开始前，把技能印在一套卡片上（每桌一套卡片，每张卡片印上一个步骤）。

- 每组的各个成员轮流自选一张卡片，展示卡片上的步骤。

4. 桌上展示

按照下面的步骤说明进行：

- 各桌的成员为一组，每组准备一个技能展示。
- 可以展示运用技能的**错误方法**，然后演示如何正确运用。或者，小组可以将技能分解为若干个步骤，每个小组成员分别展示一个步骤。
- 每个小组在全班同学面前展示技能，大家认真观看并给予鼓励。

5. 游戏秀

游戏秀是一种很受欢迎的复习并记忆新知识的方式。通过技能倚赖型游戏秀，学员用展示技能代替回答问题。重点在于展示技能，而不是口头回答。

- 讲解游戏秀的程式——可以由你选也可以由学员来选。一般的程式有危机型、集中型、让我们做个交易型以及谁想成为百万富翁型等。
- 看大家有没有人自愿做游戏秀的主持人、裁判、计时员或者其他角色。
- 每个小组的成员会展示某项技能或某个步骤，而不是回答问题。或者该活动可以将提问、信息共享与技能练习三者结合。
- 裁判给每个参加活动的人和小组打分，并且及时纠正技能展示和步骤展示中的错误。
- 保证每个人都有机会参与到游戏秀中。
- 给获胜的选手和小组颁发一些小奖品。

该你上场了

制作一张你自己的技能倚赖型活动概念图。

实用练习：学员设计的游戏

学员设计的游戏是什么

学员设计的游戏是一种复习活动，通常以游戏的方式进行，学员分别担任游戏设计者、指挥、主持人、玩家、计时员和裁判这些角色。这种类型的实用练习显而易见——学员可以设计并主导自己的复习游戏活动。有意思的是，这种练习方式使老师不用再设计并主导游戏成为一件非常稀松平常的事。

即便大多数培训师懂得参与式游戏在复习方面的重要价值，但对于他们而言，站在一旁，把游戏的设计权与主导权让渡给学员仍然比较困难。毕竟，我们作为培训师，知道游戏应该做成什么样，而学员并不知道。

如果培训师足够诚实，那么我们还是有可能承认做游戏的指挥并发号施令确实是挺有乐趣的。问题又回来了，我们真正面临的挑战就是打破我们长期秉持的习惯，站到一旁，让学员自己设计、指挥自己的游戏。

在《设计你自己的游戏和活动》（2003 年）一书中，公司的培训师以及游戏导师席阿·科罗俊把学员设计的游戏称为“框架游戏”。他把“框架游戏”定义为“即时创造提升表现力游戏的模板”（第 8 页）。正因如此，框架模板也成了游戏的结构。学员可以利用这种框架设计发明属于自己的游戏。科罗俊的书有许多关于框架游戏的内容。

大部分电视游戏节目也都是框架游戏活生生的例子。在美国，这些游戏一般表现为危机型、好莱坞广场型、幸运轮型、家庭挑战赛型、谁想成为百万富翁型、一掷千金型。这些游戏的框架足够用到任何主题的游戏中。

当然，你需要给学员设计的游戏设定一些规则，这样学员才会有一个清晰的结构，由此设计的游戏更能适用于每个人。下面是一些可供参考的规则。

游戏目标。确保每位学员都知晓游戏的目标，并且懂得如何将游戏的目标跟培训的学习成果紧密联系起来。这就意味着你必须考虑这样一个特定的游戏作为学习工具能对所有学员发挥多大作用，这是在你决定使用游戏前必须要考虑的问题。

游戏框架。向大家讲解游戏的通用框架（如游戏秀模式、纸笔游戏、卡片游戏、合作性对抗竞技或者团队与个人对抗模式）。游戏框架要把参加游戏的人的预期以及游戏参赛队伍和个人的责任囊括进来。

指挥权轮换。指导学员轮换游戏角色（指挥、主持人、裁判、计时员、玩家），这样每位学员不仅可以转换游戏玩家的角色，也可以转换游戏组织者的角色。

合作性对抗竞技。我在本书“大脑友好型培训”一章中提到过，当你更加重视合作、弱化竞争时，大多数人学习的效果更好，至少在学习的开始阶段是这样。这并不是说应当把竞争从实用练习中剔除出去，反而，其本意是只要情况允许，把合作性元素用于竞争当中。举个例子，当参与游戏的人以团队的方式竞争，而不是以个人或团队成员的方式竞争时，大家通力合作寻找游戏的答案，每个人都能参与到游戏中并学有所获。

游戏时长。游戏开始前，要规定好游戏的时长、参与的程度（例如，大家同时都加入游戏还是学员轮流转换游戏角色）以及游戏获胜的标准。通常情况下，游戏可以有很多赢家，而不是只有一个人或者一组队胜出。

赛后讨论。列出游戏结束后学员需要讨论的问题。在赛后讨论中，学员回忆一下游戏过程，并各自谈一谈自己从活动中学到了什么。下面是一些赛后讨论的问题：

- 参加这个游戏你学到的最重要的东西是什么？
- 游戏过程中有什么惊喜？

- 你发现了什么游戏模式或有趣的游戏元素？
- 你从游戏中学到了哪些之前不懂的东西？
- 培训结束后你能使用哪些从游戏中获得的信息？
- 为使游戏成为更好的学习过程，对此你有什么建议？
- 如果让你再玩一次游戏，你觉得可以对游戏做哪些有用的改进？
- 你觉得在工作中可以如何使用类似的游戏帮你记住新信息或新技能？

学员设计的游戏能干什么

当学员设计、指挥、主持并参与了游戏，他们能够：

- **增进**对所学内容的理解。
- 将他们知道的东西**转化**为实践应用。
- **设计**出独一无二的方式，将知识或技能长久地记忆在脑海中。
- 通过多种多样的方式**帮助**大家复习重要信息与技能。
- **自我纠正**或帮助别人纠正误解或错误。
- **拥有**游戏的自主权以及游戏涉及的内容，这意味着，比起老师教给大家什么是重要的学习内容，大家有了更多学习知识、运用知识的理由。

做好准备

- **活动材料**：提供常规的培训材料，另外根据每组的不同情况准备相应的其他材料。大多数小组会需要卡片、文具、马克笔、彩色美术纸或其他彩纸、成套卡片、图表纸等材料，以及其他做游戏的材料。
- **活动安排**：学员决定每个游戏都需要做哪些布置安排。
- **分组规模**：学员决定游戏的分组规模。
- **活动时长**：设计游戏的时间以及做游戏的时间根据每组情况的不同也各不相同。你作为老师可以规定时长，也可以让学员自行决定，游戏的时长要在培训的整体时间框架内。

5 种学员设计的游戏

1. 卡片游戏

在学员或各小组设计自己的卡片游戏之前，给他们提供一些游戏样例，样例可以印在一张清单上（参见后面），也可以是一张图表，或者你口头告诉大家也可以。学员按照下面的步骤说明进行：

- 大家 2 人一组或 3 人一组展开游戏设计，或者每桌为一组，以组为单位进行游戏设计。
- 每个 2 人组、3 人组或创作小组把卡片作为游戏块，创造不同的卡片游戏。
- 每个小组也要制作一张游戏说明卡、一张答案卡。当各小组完成卡片游戏设计后，每个小组都要跟别的小组（或者 2 人组、3 人组）交换卡片。
- 每个小组开玩别组的游戏，如果时间允许的话，还可以继续跟另外的小组互换卡片接着玩。
- 等所有的游戏都结束后，每个小组举行一次赛后讨论。你也可以请一名志愿者主持一场针对游戏的全班大讨论。

下面是一些卡片游戏的样例，学员可以参考使用：

- **20 个问题。**准备一套 12 张左右的游戏卡。每张卡上面印着一个跟主题有关的问题与答案，每张卡上都有相应的分值。卡片说明是这么写的：**“选择一个游戏指挥，指挥者把每个问题读出来，然后看谁先举手示意就让谁回答该问题。如果回答正确，这名选手就得到相应的分数。最后，谁得到的分数最高就算获胜。指挥游戏的人可以轮换，这样每个人都有机会参与游戏。”**
- **真的还是假的。**准备一套 24 张左右的游戏卡。每张卡上印着一句跟主题有关的观点。有些观点是真的，有些是假的。另外，再在其他卡片上印上大大的“真的”和“假的”，制作一套答案卡。或者在每张印观点的卡片背后印上“真的”或“假的”字样。卡片说明是这样的："每个小组一起对卡片上的观点进行讨论，然后把卡片分成两摞，一摞是观点正确的，一摞是观点不正确的。分好类后，拿出答案卡（或翻看背面）检查自己的分类对不对。分对一张卡片给你所在的小组加一分。游戏结束后，向全体学员公布你们小组的得分。"

- 厘清顺序。每张卡片上都印着一句话，描述了一项跟主题有关的流程的各个步骤。同样，制作一张答案卡。卡片说明是这样的："每个小组进行讨论，根据每张卡片上的具体描述确定卡片的正确摆放顺序。把卡片按照正确的流程顺序摆放好。然后拿出答案卡看自己小组的排序是否正确。如果你们小组的卡片顺序全部正确，就击掌庆祝吧！"
- 完形填空。每张卡片上都印着一句话，但是都缺少一个或两个重要的词。每张卡片上都印有一个分值，卡片背面印上一个词或几个词，这些词能填补句子相应的空白，使其语意完整。卡片说明是这样的："把卡片摆在桌子上，印有句子的一面朝上。小组里每个人轮流挑选一张卡片，读出卡片上的内容，说出他自己认为能填补句子空白、使语意完整的词。然后把卡片翻过来，检查自己的答案跟背面印着的答案是否一致。如果他答对了，就得到相应的分数。最终得分最高的人获胜。"

2. 夺宝开口

这是《10 分钟培训师》一书中抢夺汤匙游戏的变形。要做好这个游戏，每个小组要创建一张清单，单子上印着 12 个或更多的物品名称。清单上的项目可以是：

- 跟主题有关的问题与答案，以及相应的分数。
- 关于所学概念的正确描述和错误描述，每种描述都有一定的分值。
- 跟主题有关的概念，每个概念都有一定的分值。

游戏步骤如下：

- 在每个小组中间放上一个物品，每个小组成员都能轻易够到。该物品除了是游戏的重要一部分外，还是最后得分最高的获胜选手的奖品。物品可以是跟主题有关的东西，或者是含有跟主题有关的喻义的。例如，可以是公司的棒球帽或文化衫、计算机培训课上用的鼠标垫、客户服务培训课上用的一小袋糖果（比喻对待客户要“甜美”），还可以是能代表公司的一个玩具、大脑模型（象征抓住大脑）、毛毛球和玩具球等。

- 每组自愿出一个人当游戏指挥（大家可以轮流当），指挥的人宣读问题、观点或概念。
- 指挥人读完后，第一个抓到游戏物品的人必须做到：

如果是**问题**——回答问题。

如果是**观点**——判断该**观点**是否正确。如果是错误的，说出来为什么是错的，或者说出来正确的是什么。

如果是**跟主题有关的概念**——说出其定义并做出解释，举出一个该概念的实例。

- 每个抓到物品的人说完以后，指挥的人（或整个小组）判定其答案是否正确，或者他的定义或解释是否正确。如果他回答正确，指挥的人赋予他一定的分数。
- 指挥者把物品重新摆放到桌子中间，准备开始下一轮，游戏继续进行到时间用完。游戏结束后，得分最高的人赢得夺宝开口游戏，并赢得游戏所用物品。

3. 合作危机

传统危机类的游戏（如电视游戏节目）的一个问题就是每队只有一个人真正玩了游戏。还有一个问题就是，传统的危机类游戏更像是争分夺秒的竞争，而不是知识的竞争；最先按到抢答器的人才能说出答案。作为回答问题的一种回应，选手还要把问题陈述一遍。

而在合作危机游戏中，每个人都有机会参与游戏，或者每个小组都有机会回答问题并且在游戏中获胜。这还不够，能获胜的队伍可以有两支甚至更多。游戏说明如下：

- 所有学员创建一张印有问题与答案的卡片用于游戏，并根据问题难易程度赋予卡片一定分值。
- 请 3 名学员自愿担当主持人、计时员和裁判。裁判可以在教室里四处走动，判定每个小组的答案是否正确。
- 主持人负责收集卡片，从宣读第一个问题为标志开始游戏。
- 所有小组都有 15 秒（根据问题难易度，可以定为 20 秒或 30 秒）的时间讨论问题，达成共识，然后把答案写在答题卡上。
- 每组写完答案后，请一个人站在桌子旁（每一轮站在桌子旁的人都要不一样，完成所有卡片答题后就不需要有人站起来了）。
- 当计时员喊“时间到”，只有已经站在桌子旁手里拿着卡片的人才有资格读出卡片上的答案。
- 裁判首选确定卡片上写有答案，然后站立的人轮流读出卡片上的答案。主持人告诉大家回答得对不对，并且给答对问题的小组加分。
- 如果对于问题答案的对与否有异议，裁判有最终裁量权。每一轮，答对问题的不止一组，凡是答对问题的都可以得到相同的分数。
- 如果答案是部分正确的，裁判可以决定给该组一定的分数。
- 每组要有一个人记录该组的得分，游戏结束时，得分最高的小组获胜。
- 如果有奖品的话，主持人把奖品发给获胜的小组。没有奖品的话，大家给获胜的小组一次热烈的喝彩或鼓掌以示鼓励。

4. 投球游戏

学员可以利用小巧柔软的可以投掷的毛绒球或玩具球、沙滩球、毛绒玩具、浴花、小靠枕、气球等小玩意儿，创造各种各样的复习游戏。需要说明的是，投球游戏是一种能让大家从座位上站起来的好方式，尤其是当大家坐了很久的时候。下面是投球游戏的变形。

- **提问、回答、投球：**学员以小组合作的方式开展游戏活动。每个小组准备三四个跟主题有关的问题，每一个都有相应的分值。每个小组向其他小组提出一个跟主题有关的问题。第二个小组同心协力回答该问题。如果回答正确，小组一名成员把球扔到一个容器（如垃圾桶、碗、篮子、包或小筐）里，一次来赢得卡片上的分值。如果回答不正确，其他组就有机会回答问题并投球得分。每个小组轮流提问，每个小组每次换不同的人来投球，这样每个人都能参与到游戏中。最终得分最高的小组是游戏的赢家。

- **提问、投球、回答**：这个形式跟上一个很相似，只是没有投球的容器。这个游戏里，一个小组提问，然后把道具扔给另外一个小组。如果第二个小组回答正确，该小组获得分数。随后，第二个小组给第三个小组提问，按照这种方式一轮一轮进行，直到每个小组都提问过并且投过球。
- **回答、投球、提问**：跟传统的危机游戏一样，每个小组要准备三四个跟主题有关的答案，每个答案都有一定的分值。这个投球游戏跟上面的很像，不同之处就在于每个小组都要根据答案说出对应的问题是什么。

5. 小组寻宝

学员可以在培训期间或者在培训间歇（如果培训时间有一天多）开展这个活动。这个活动也可以作为热身活动的变形（见本书第一部分的“热身活动”）。游戏说明：

- 每个小组制作一张清单，清单上有十种（可多可少，根据游戏时间而定）需要找到跟主题有关的物品。
- 小组之间交换清单，然后游戏开始。小组成员可以一起寻找，也可以给每人分配任务，大家分头寻找，要在规定的时间内完成。
- 哪个（或者哪些）小组在规定时间结束前找到所有物品就算获胜。

小组寻宝的实例：

- **在培训教室外找到一个人，这个人必须知道关于这个概念的 5 个重要事实。这个人必须能讲出事实，然后把他的名字写在下面：**

- 在这间教室里（或一间办公室、会议室、工作间）找到一个跟主题有关的物品。把该物品的详细情况以及谁找到它的写在下面：

- 在互联网上搜索一个跟主题有关的概念，把网页链接写在下面：

- 请教室里其他小组的一个成员展示一项刚学过的跟主题有关的技能。展示结束后，让这个人把名字写在下面：

- 从其他小组里找一个人帮助你创作一首诗、一段广告词、一段说唱或口号，以此来帮助你记住跟主题有关的重要事实。把创作的内容写在下面：

- 利用这间教室里能用的任何材料，创作一个能代表或象征某一重要概念的立体小物品。做好准备向大家解释你的创意。给作品起个名字并写在下面：

该你上场了

试着做一个你自己设计的游戏的概念图。

第四部分

总　　结

关于总结你需要知道什么

学员想什么、说什么、做什么比老师想什么、说什么、做什么重要得多。

——选自大卫·梅耶尔的《快捷学习手册》

本章内容汉堡包图

在你阅读本章的过程中，在汉堡包图中写出每个概念有关的一些内容。

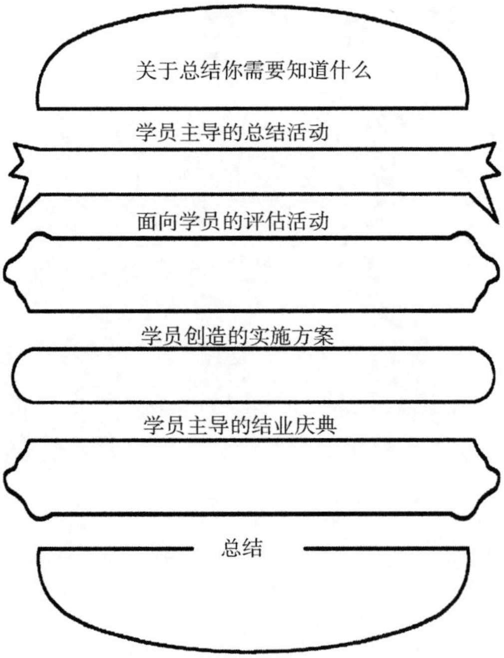

联　　系

仅限1分钟

1 分钟联系练习：快速通道

你主持开展的培训课程行将步入尾声，培训时间只剩下 5 分钟了。把你觉得要在最后 5 分钟里要做的事情圈出来：

学员会：

A. 填写培训评估表。

B. 整理一下桌面，收拾一些教材和文具。

C. 听你做培训总结，总结本次培训都学了什么内容，并感谢大家来到这次培训中。

D. 总结自己学到的内容，并详细讲一讲如何运用所学知识。

E. 告诉自己同组的队友，很高兴一起参加培训，共同合作完成课堂任务。

F. 参加结业庆典，给培训画上一个活力四射、能量满满的句号。

这是一个不怀好意的问题，因为上面提到的所有事项都要在培训结束前完成。但是，在培训最后 5 分钟需要学员去做的是 D、E、F 项，A、B、C 项是要在稍早前做完的。至于为什么要这么做，你可以在本部分内容中找到答案，并且，你还可以在本部分找到 15 种活动，它们可以帮你创造出高效、记忆深刻的总结活动。

想象一下……

10 名滑雪度假村的员工刚刚完成了公司组织的培训——“工作场所的安全”，培训中大家学到了有关滑雪场的危险因素、紧急情况处理程序、急救、事故报告、冰雪异常天气等方面的知识，凡此种种。

在离培训结束还有 15 分钟的时间时，大家会填写一份公司发放的标准的制式评估表，以及一个授权文件，大家在上面签上自己的名字表示顺利完成培训。这些事情做完后，大家会站成一个圆圈。老师梅勒把一个白色的毛绒球——他称为雪球——扔向一名员工。在投雪球前，梅勒告诉大家待会儿谁拿到球必须要向大家讲一讲自己从“工作场所的安全”培训中学到的最重要的内容是什么。在梅勒的指导下，大家两两站成一组，或三人一组。当带有音乐节拍的背景音乐响起来的时候，梅勒向大家解释最后一个培训活动“边走边说”怎么玩：每个小组的成员在教室里边走边讲如何在回到工作岗位后把安全知识用于实践。当每个人完成这项活动后，梅勒对大家在培训期间的积极参与表示感谢，并宣布培训到此结束。大家带着新鲜的认知离开教室，并带着付诸实践的承诺走向工作岗位。

概　　念

总结是面向学员的、简短的收尾活动，大家可以：

- **总结**所学内容。
- **评估**学习效果。
- **制订**实施方案——将所学知识用于实践的承诺。
- **庆祝**完成学习。

总结活动与联系活动的功能类似。只不过联系活动是让学员自踏进教室起就能参与到学习中，而总结活动是让学员在离开教室的前一刻都还沉浸在学习中。通过总结活动，可以让大家对培训课程保持一种积极的心态。不仅如此，总结活动还可以帮助学员更多地关注于学到了什么以及如何将学到的知识或技能用于真实生活与工作中。

学员主导的总结活动

在大多数传统的培训课上，一般都是由老师来总结培训的主要内容。现在，你应该意识到，学员需要自己来做总结，这样才能深化他们对所学内容的理解与记忆。

作为一种学习策略，学员主导的总结活动比老师主导的总结活动效率更高。让我们面对现实吧，比起老师告诉他们学的是什么，学员对自己说自己学了什么更有兴趣。大卫·梅耶尔解释说，老师的角色是“促使学员去思考、去说、去做……这种方式能帮助大家将（学习过程）整合到自身已形成的知识结构、价值结构和技能结构中去”（2000 年，第 91 页）。

举个此类活动的例子，例如上面提到的投球游戏。还有一个例子：数据库软件培训课上，每位学员在一张纸上写出一句关于数据库软件的知识。大家交换一下各自写的东西，并在拿到的纸上再写上一条。然后，再找个不同的人交换纸张，再写一条。最后，每个人对自己手上的三条内容进行总结，并把总结的内容读给大家听。

面向学员的评估活动

显而易见，学员需要评估自己的学习效果。不仅如此，你所在的公司、学校或者培训部门也需要对你的学习效果做个评估。这不是“其中一方”要做的事，而是“双方”都要做的事。但是，大多数传统的培训课程里，学员评估的都是“培训”，而不是自己的“学习”。或者是这样，即便有一些关于学习方面的评估，也通常是以纸笔的形式在书面测试中完成的。这个测试本身没有错，学员评估培训这个事儿也没错，唯一缺的就是学员对自己的学习效果来个个人评估。

举个此类活动的例子：学员讨论了一下自己从培训中都学到了什么，并与培训前的所知做了一个对比。还有一个更具体的例子：在一个呼叫中心的培训课上，学员对自己新学的呼叫服务流程的掌握程度进行排名。排名的方式是这样的：大家站成一排，队伍里相应的位置代表着对流程掌握程度的自信度，排尾表示“还需多加练习”，排头表示“运用自如”，自排尾至排头自信程度依次递增，大家按照自己的掌握程度自行选择所站位置。如果时间允许，大家还可以讨论一下自己为什么站在各自的位置以及下一步该如何提升自己的水平。

试试这个

学习评估的四个层次。大多数培训师对唐纳德·柯克帕特里克的柯氏四级培训评估模式都有一定的了解，那么什么是柯氏四级评估模式呢？我之前也提到过，用下面这四个层次评估培训：

1. 学员对所学东西的感受。
2. 学到的知识。
3. 提升的绩效。
4. 培训的性价比。

如果你对柯氏四级评估模式不是很熟悉，可以让自己多了解一下该方面的内容，在网上搜搜关于柯克帕特里克研究成果的文章。它们都是一些很有价值的信息，能拓宽你在评估知识方面的视野。

本书此部分评估方面的内容会为你介绍学习活动的四方格层次，这是一种简单的工具，能让你把柯氏模型的相关概念具体化。

学员创造的实施方案

当学员要将所学知识付诸实践时，他们更愿意履行承诺。实施方案就是学员的公开承诺，不管是口头的还是书面的，就是要把所学转化为所用。

除了简单地按照实施方案执行，学员还可以制订一个持续的计划，以便在今后的一定时期评估自己提升的绩效，例如在培训结束后的两个星期或一个月后。他们可以将评估结果向参加过培训的主管或同事进行汇报，也可以把自己在工作中运用新知识、新技能的实践写一篇简短的报告，用电子邮件发给培训师。

实施方案通常包括4C法中总结步骤的小结、评估或庆祝部分。你会发现本书这一部分讲到的15种活动中，有很多都嵌入了实施方案。

学员主导的结业庆典

总结活动的最后一步，有可能也是最重要的一步，就是结业庆典。因为受到时间的限制，许多培训师会忽略这一步，这很遗憾，因为这一步恰好是最让人难忘的。培训收尾中的结业庆典是对培训伊始的联系活动做一个情绪上的呼应。正是这种积极的情绪贯穿在整个学习过程始终。联系活动在培训存续期间给大家创造了一种学习大家庭的感觉，而结业庆典则展现了这个学习大家庭共同度过了学习之旅以及彼此之间情感上的联系。

除此之外，以结业庆典结束整个培训体现了你正在运用近因原则（本书第一部分详细介绍过），从而保证学到的东西能在大家的脑海中记得更久。学员主导的结业庆典还能刺激大脑产生一种化学物质——内啡肽，这意味着参加培训的学员会带着愉快的学习体验结束培训，并且会很渴望参加下一个类似的培训。

结业庆典需要搞得有意义，还要跟学员有关系。每位学员的注意力和精力都要放在团队身上，而不是老师那里。换句话说，在举办结业庆典时，你要移步一边，让学员自己主导活动，或者说你和学员一样作为参与的一分子参加到结业庆典当中，而不是以老师的身份主导活动。

这里有一个学员主导的结业庆典的例子：每个小组通过发出一种声音或者做出一个动作来表达他们所学或对所学的感受，当他们向全班所有人展示这种声音或动作时，大家要报以热烈的掌声。还有一个具体的例子：在培训师的培训班结业仪式上，每位学员轮流给其他学员发放结业证书，最后大家为彼此欢呼鼓掌。

1 分钟概念复习

选择答案

将下面说法正确的句子圈起来：

A. 总结活动的一个重要组成部分是（学员主导的总结活动；培训师的总结陈述）。

B. 总结活动帮助学员（评估培训师和培训；评估所学到的东西）。

C. 在总结活动中，（学员庆祝自己的学习之旅；学员庆祝通过最终的培训测试）。

D. 总结活动其实是（填写评估表，拍拍屁股走人；让学员进行总结、评估和庆祝学习过程）。

完整的句子应该是这样的：

A. 总结活动的一个重要组成部分是学员主导的总结活动。

B. 总结活动帮助学员评估所学到的东西。

C. 在总结活动中，学员庆祝自己的学习之旅。

D. 总结活动其实是让学员进行总结、评估和庆祝学习过程。

实用练习

从本书此部分的 15 个活动中选择一个或几个活动用于你的培训。多尝试几种活动，直到你熟悉为止，然后决定哪一种最适用于你的主题以及你的学员群体，随后把它作为你培训课上的常规项目。

这些活动主要分为三类，每类的名称和简介如下：

- **5 种学员主导的总结活动：学习日志、站立传递、桌上对话、交换卡片、小组循环。**这些活动帮助学员深化对所学知识的理解。有些还嵌入了学员创造的实施方案，通过这些实施方案大家对所学内容付诸实践做出承诺。
- **5 种评估策略：你站在哪里、四方格反馈、四方格学习层次、我们能引用你的话吗、电邮爆炸。**除了传统的“从 1 到 5 代表完全同意到不同意”的五种程度的评估，这些活动丰富多彩，也能让学员评估自己的学习过程。学员创造的实施方案也是评估策略的一部分。
- **5 种结业庆典：制作活动、洗车证书、循环庆典、我喜欢我的邻桌、边走边说。**这些活动不但有趣，还跟内容息息相关，会让学员站在结业庆典的聚光灯下，以活力四射的氛围为培训活动画上句号。

总　　结

总结活动让学员停下来，进行思考，总结一下都学了什么。学员也能对自己的学习过程做一下评估，制订课后实施方案，在培训结束后将所学的知识和技能用于实际工作。最重要的是，大家要庆祝一下共同走过了难忘的学习之旅。培训期间的联系与总结将大家彼此之间紧密地联系到了一起，一个在开头，一个在结尾，可谓善始善终。

收尾活动通常是学员最后的机会，它给全新的学习过程增添感受与意义。

——选自大卫·苏萨的《大脑学习原理》

1分钟总结

学习日志

比较一下本章所教的概念，与传统的培训收尾方式有何不同？你认为关于总结值得记住的最重要的概念是什么？从本章内容中你还学到了其他哪些见解？

1 分钟小结：实施方案

在下面的空白处，写下你自己的实施方案，也就是，你自己的承诺——如何将所学付诸实际。之后署上你的名字与日期。同时，还要写下一个未来的日期。到时你回头看看本页，看你自己做得如何。再往前走一步，你可以通过告诉你的同事你的方案是什么以及你何时实施从而将你的方案公开化。

我的实施方案

签名：

日期：

回顾日期：

培训师工具箱

把本部分你认为有用的东西写在下面，别忘了为方便以后查找在这一页做上标记。

总结：学员主导的总结活动

学员主导的总结活动是什么

学员主导的总结活动是由参加培训的学员主导的讨论或一系列陈述活动，对所学的知识进行总结。你要记住：不是由你总结，而是让学员来做。

学员主导的总结活动是学员复习内容、评估学习的一种高效的方式，除了这一点，这么做也给你——培训师—— 一个机会评估学员都学到了些什么。举个例子：在学员的总结陈述中，如果你听到了某个错误的说法，你可以在心里默默记下，随后找个机会跟讲错的学员碰个面，帮他纠正错误。但是，如果你没让学员开展总结活动，你是不可能知道谁会有什么样的误解的。

学员主导的总结活动能干什么

对于培训的学员来说，自己主导总结活动是一次机会，让他们能够：

- 重新**思考**都学了什么，以及学习对自己的行为有什么影响。
- 将注意力**集中**在重要信息以及对他们最有意义的事情上。
- 将所学的内容**表达**出来，不管是口头的还是书面的。
- **决定**所学内容的实际运用方案。
- 与同学**讨论**学习内容。
- **强化**培训主题与自身工作的相关性。

做好准备

- **活动材料**：提供常规活动材料的同时，根据活动所需提供相应的材料。
- **活动安排**：不需要特别安排。
- **分组规模**：任何大小都可以。
- **活动时长**：根据分组规模大小的不同活动时长也各异。对于大多数活动来说，活动时长从 10 分钟到 30 分钟各有不同。

5 种学员主导的总结活动

1. 学习日志

学习日志是一种书面总结——一小段或几小段内容（有点像日记）——它是由学员自己创造的。学习日志帮大家记录自己的学习历程：之前都懂些什么、不懂什么；他们认为的重要概念是什么；如何在自己的培训中运用这些概念。这些总结也可以将实施方案包括其中，这些实施方案是学员对所学东西进行运用的承诺。通常情况下，学习日志是以书写的方式记录的，但是也可以用画画、涂鸦、流程图或概念图的方式呈现。

按照下面的步骤说明进行。

- 培训开始前，把学习日志的使用说明印在工作表、卡片、图表纸或幻灯片上。从下面的学习日志使用说明中选取一种来用，或者你也可以创造一个属于你自己的方法：
  - 将培训之前你对培训主题了解的相关内容或设想与现在掌握的东西做一下比较和对比。根据比较和对比的情况写一个简短的总结。
  - 对于你来说，培训中最重要的概念和观点是什么？你怎么把它转化为实践运用？
  - 这些信息通过哪些方式改变了你之前对相关概念持有的观点？你认为你可能如何运用这些信息？
  - 假如你是一家报纸的记者，有人要求你将本次培训总结以新闻报道的方式呈现，你会怎么做？把你的短文写在这里。

  - 如果让你跟你的同事讲讲本次培训，你会怎么说？你在培训中学到的哪些内容有助于你工作的开展（或者更好地生活）？
  - 详细说说这次培训对你或你所在的公司有哪些好处？
  - 有什么东西是你现在知道而以前不知道的？你会如何运用这些知识？
- 让学员花几分钟的时间写下对学习日志有何想法。如果你愿意，还可以播放一些舒缓的背景音乐，给大家营造一种良好的氛围。
- 学习日志可以是个人学习过程的一种折射，大家不必分享自己写了什么。但是，如果学员有意愿，时间也允许，大家还可以将自己的学习日志相互读来听。或者，你可以问问大家有没有自愿把自己的日志读给大家听的。
- 培训的学员通常把学习日志当作对所学内容的一种提示。

学习日志的变形：

- **小组日志**。每个小组创建一个合作性的学习日志，然后将日志读给全班同学听。培训结束后，将大家的日志收集起来挂到网站、内网或博客上。
- **概念日志**。除了在培训总结的时候写学习日志，在培训过程中每个概念教学片段之间还可以写一些更短的日志。实际上，学员可以在整个学习过程中实时地记录学习情况，创建实时学习日志。

2. 站立传递

这是一种带有运动知觉的总结活动，既有身体活动又有学员的实施方案。按照下面的步骤说明进行。

- 你可以从下面的问题中选取一个或多个，贴在人人都能看到的地方：
  - 培训中你学到的最重要的概念是什么？
  - 你会如何运用这些概念？
  - 作为学习的一种成果，你会有哪些行为上的改变？
  - 为了更多地学习跟主题有关的内容，你会采取哪些其他的学习方法？
  - 你会跟谁分享你所学的内容，你会跟他分享什么？

- ■ **如果可以针对该主题提出一个问题，你会问什么？你会怎么来寻找问题的答案？**
- 让学员选择 1 ~ 2 个问题，然后写出答案。
- 告诉学员跟其他小组的人自由组合，形成 3 ~ 5 人为一组的小组。
- 学员可以在新的小组里将自己的答案大声读出来。
- 如果时间允许，看有没有人自愿将自己的答案读给全班同学来听。
- 活动结束后，大家对所在小组的其他成员表示感谢，回到原来的座位上。

3. 桌上对话

桌上对话是站立传递活动的一种变形，它使用同样的问题与活动说明，唯一不同的是学员保持在原座不动，同自己所在桌的人成为一组，相互交流问题的答案。学员可以一直坐着，当然，如果他们愿意也可以站着。

4. 交换卡片

学员按照下面的步骤说明进行：

- 每个人在卡片上写上自己如何将所学内容用于实践。
- 同时每个人把自己的名字和工作邮箱写在卡片上。
- 大家彼此之间交换卡片，两人一对成为交换卡片的搭档。
- 大家相互承诺培训结束后的第一个月里，每隔一周都会跟对方进行电子邮件来往，他们会跟自己的搭档交流以下信息：
  - ■ **我是这么运用所学的内容的……**
  - ■ **这是我遇到的挑战……**
  - ■ **对于培训主题，我还有这样一个问题……**
  - ■ **针对我所学到的内容，我又给自己设定了一个新的目标……**
- 在电子邮件中，大家可以对各自的搭档进行鼓励。或者，大家可以对自己搭档遇到的挑战或者之前写下的问题给予一些反馈。

5. 小组循环

把站立传递的问题贴出来，然后告诉大家按照下面的步骤说明进行：

- 每个人在一张空白纸上写上一个问题，每个小组成员所写的问题必须都不一样。
- 每个人可以把自己手上的纸递给右边的人，右边的人把问题的答案写在纸上。
- 然后接着把纸传给右边的人，下个人接着写出答案。
- 直到所有人都把别人的问题回答一遍，一轮传递过程才结束。
- 当每个人收到自己最开始递出去的那张纸时，把上面写出来的所有答案读出来，并对收到的答案进行总结。
- 活动结束后全班同学开展一次大讨论，请一些自告奋勇的同学将自己的总结大声读给全班同学听，大家可以在讨论中发表自己的最终意见。

该你上场了

创造一个属于你自己的学员主导的总结活动，把概念图画在下方的空白处。

总结：评估策略

评估策略是什么

评估是学员对自己所学内容进行评价考量的一种行为，从更广的意义上讲，评估也是大家计划如何运用所学知识的一种方式。对于培训师而言，评估是用来考量学员达到什么样学习水平的一种方式；对于公司而言，评估是用来衡量对于培训的投入能换来多少收益的一种方式。

你可能对唐纳德·柯克帕特里克的学习评估模式已有所熟悉，他把学习评估划分为四个层次。如下面所示，层次简洁明了，每个层次都对应有一个具体的问题。

第一层——情绪（感受）：“大家对所学内容感受如何？”

第二层——知识（信息）：“大家能记住哪些学过的东西？”

第三层——行为（技能）：“大家能运用所学的知识吗？”

第四层——投资回报（公司的受益）：“公司能从大家学到的东西里获得什么益处？”

本部分讲到的评估策略体现了上述前三个层次。换种方式来说，本部分要讲的绝大部分策略跟评估公司在培训方面的投入回报率都没关系。与之相反，这些策略为你在培训中进行评估提供了多种多样的选择，可以让你不必一遍又一遍地用那些老套的办法。

除此之外，这些评估策略给学员提供了许多机会，使其更加活跃地参与到自己的学习评估活动中。大部分研究表明，比起将填写的评估表贴到门上的那种简单的评估方式，让学员对自己所学内容进行评估并承诺将其用于实践，在此过程中扮演更加活跃的角色的这种方式，能更好地让学员将知识与技能运用到工作岗位上。

很显然，培训过程中的评估手段有很多种。基于纸笔的书面评估手段可能应用得最广泛，但是，即便书面评估方式也可以搞得比传统培训课上经常采用的方式更有意思、跟学员更有相关性。除此之外，还可以在评估过程中加入许多身体活动方式，让学员参与评估过程。

你会注意到,这一部分讲到的评估策略其焦点都放在**学员**身上——学员都学了什么以及如何将所学转化为所用。这些策略并不关注老师的技能也不关注演示技巧。在这些评估策略中你不会看到这样的问题：“培训师有所准备吗？培训师给大家提问的时间了吗？”这些评估策略也不关注培训逻辑：“培训设施完善吗？大家呼吸的空气充足吗？”（最后这个问题是开玩笑的。）在书面评估即将结束时，学员可以将自己的评论写在其后，也可以随后以电子邮件的方式发表自己的感想。因为评估的首要目的就是评价**学习过程**，本部分提供的活动会满足这个需求。

评估策略能干什么

通过参与评估策略，学员能够：

- 对整个培训过程进行**思考**。
- 对自己的认知性（知识倚赖型）学习过程进行**评估**。
- 对自己的行为性（技能倚赖型）学习过程进行**评估**。
- 对运用所学知识进行**承诺**。
- **创建**一个实施方案，**实现**如何运用所学知识的承诺。
- 对学习过程保持积极心态，对新的知识和技能保持自信。

做好准备

- **活动材料：** 提供常规活动材料的同时，根据活动所需提供相应的材料。
- **活动安排：** 不需要什么特别的安排，如果有必要的话，保证有足够的活动空间，可以让大家能够来回走动。
- **分组规模：** 任何大小都可以。

- **活动时长**：活动时长长短不一，大部分都会持续 5 ~ 15 分钟。

5 种评估策略

1. 你站在哪里

这是一种跟身体活动有关的评估策略，比起只是坐在那里埋头苦写，这种方式将讨论与肢体活动合二为一。按照下面的步骤说明进行。

- 对教室里三块区域做出说明，每块区域代表培训应用的准备程度：
  - 教室的一侧代表“完全没准备好”。
  - 教室中间区域代表“快要准备好了”。
  - 教室另一侧代表“随时可以应用”。

如果你希望将这三种程度以视觉化的方式呈现出来，你可以把下面的话打在幻灯片上，或者把下面的话印在图表上，分别挂在教室的三块区域：

完全没准备好——快要准备好了——随时可以应用

- 请学员想一想从培训中都学到了什么，然后评估一下大家对所学东西进行应用的准备程度。
- 告诉大家选择一块能代表自己准备程度的区域，站到相应的区域里。
- 大家一旦站好，就跟自己所在区域的同学两两一组或三人一组，回答下列问题：
  - 如果你站在了“完全没准备好”的区域，请问你要达到“快要准备好了”的程度，你需要采取什么措施？
  - 如果你站在“快要准备好了”的区域，请问要达到“随时可以应用”的程度，你需要采取什么措施？
  - 如果你站在了“随时可以应用”的区域，请问要保持这种状态或者帮助你继续学习，需要去做什么？
- 给每个小组 5 分钟的讨论时间，然后看谁自愿口头总结一下讨论结果。

2. 四方格反馈

按照下面的步骤说明进行。

- 在图表纸或幻灯片上画上四方格反馈表，如下所示：

1．**联系**：对于我所学的东西我的感受是	2．**概念**：我学到的最重要的概念是
3．**实用练习**：对于我所学到的内容，准备这么运用	4．**总结**：我最后的想法、建议或问题是

- 告诉大家每个人都要做一张跟上表类似的评估表，并且完成相应的问题。
- 学员完成评估表后把它交给你，评估表可以是记名也可以是匿名，这个由你决定。

四方格反馈的变形：

- **过程评估**。如果培训时间不止一天，请大家填写四方格反馈表，然后收上来。在下一个培训日开始前，看一看大家交来的反馈表，做好回答这些问题的准备。在第二天的培训课上，对大家在表格上提出的问题和发表的看法进行口头反馈。然后把表格返还给学员，这样当大家离开课堂的时候可以对自己做出评估。
- **数据库反馈**。利用计算机数据库软件来制作四方格反馈表。然后在培训结束后把反馈结果通过电子邮件发给老师。这样又给大家一个思考培训主题与学习内容以及了解他人学到了什么的机会，还重温了如何运用所学知识与技能。

3. 四方格学习层次

作为四方格反馈的一种变形，这种评估表是柯氏模型的一种改编方式。你可以按照四方格反馈表的方法来做，但是表格的形式是这样的：

1. **情绪：**对于我所学的东西有何感受？
2. **知识：**我学到的哪些内容能帮我将工作做得更好？
3. **行为：**作为学习成果，我的工作行为会发生哪些变化？
4. **投资回报：**我所在的公司如何从我所学的内容中受益？

告诉学员按照上面的表格创建一个自己的反馈表，然后从上往下依次回答问题。

4. **我们能引用你的话吗**

按照下面的步骤说明进行。

- 培训开始前，创建一个评估表，表上是这么写的：“我想知道对于如何运用所学内容你们是怎么计划的——假如我们再次开展这样的培训，希望能引用你的一些话。花几分钟的时间完成下面的话。最后填上你的联系信息即表示授权我们引用你的话。感谢参与！”
  表上的话如下。
  - 我收获了跟主题相关的许多有价值的见解：
  - 用三个形容词或短语来形容此次培训：
  - 作为培训的一种结果，我计划去做：
  - 如果记者要引用我对培训有什么想说的话，会是：
  - 其他一些想法或建议：
  - 我的联系信息（名字、公寓地址、电子邮件）：
- 在每句话之间留出足够的空间，便于学员写下反馈信息。如果有可能的话，可以在评估表上加一些图画或卡通元素，使其看起来妙趣横生。
- 当大家在填写表格的时候，如果你愿意，可以放一些舒缓的背景音乐，营造一种合适的气氛。

- 当大家完成表格后，把表收上来。

5. 电邮爆炸

这种评估方式是一种培训后的评估策略，不在培训过程中进行，而是深入到学员培训后的实际工作中。按照下面的步骤说明进行。

- 创建一张电子邮件联系表，把全班同学的电子邮箱都收录进去。然后获取大家的授权，允许此表全班同学可见。
- 培训结束的一周后，给全班同学发送一封电子邮件，要让大家知道在接下来的一个月中每个人至少要向其他同学报到两次。你的电子邮件可以这么写：“各位同学好！你们每个人要通过电子邮件向其他所有同学报到，告诉别的同学你是如何运用所学的知识的，或者你想跟大家分享哪些跟培训主题有关的见解和问题，都可以通过电子邮件告诉大家。在你的日历上做上记号，在接下来的一个月里要给你的同学们发送至少两次电子邮件。利用报到的时间来：
    - 分享跟主题有关的最棒的练习、建议或见解。
    - 让全班同学了解你是怎么运用所学知识的。
    - 让全班同学知道作为一种培训结果，你有哪些变化。
    - 跟大家分享一个你想知道答案的问题，或者你想得到帮助的一个挑战。”
- 培训结束两周后，给全班同学发一封电子邮件，提醒大家要做到上面说的那些事。
- 培训结束四周后，给全班同学发最后一封电子邮件，对给全班同学发送电子邮件的同学表达感谢。

电邮爆炸活动的变形：

- **桌上小组爆炸**。学员可以跟桌上小组的同学（而不是全班同学）做电邮爆炸的活动。或者大家可以自行寻找搭档或三人一组交换电子邮件做这个活动。

- **博客爆炸**。创建一个博客让学员进行评估、撰写评论。向每位同学说明，必须访问这个博客，并且在接下来的一个月内至少在博客下面发表一次评论。

该你上场了

对于评估有更多的创意？那就在这里创建一个概念图吧。

总结：结业庆典

结业庆典是什么

结业庆典是在培训的结束环节，以一种积极的氛围来结束学习的活动，通常伴随着活力四射的肢体活动。理想状况下，结业庆典是总结环节的最后一步，之后学员就要离开教室了。通过举行结业庆典，大家会对培训留下积极的情感体验，再次跟学习大家庭紧密联系到一起，对所学的新知识、新技能充满自信，对所学的知识做出应用的承诺。

在结业庆典中，你可以移步一旁，让学员庆祝自己的学习经历。你也可以参与到庆典活动中，但你不是活动的焦点。如果需要给大家发放结业证书，你就把证书教给学员让他们自己决定如何发给大家。如果按照顺序来进行祝贺，那就让学员互相祝贺。摒弃以往那种在培训结束前把学员的注意力拉回到你身上的做法，让大家关注彼此，为彼此鼓掌，为彼此祝贺。

最终，你必须决定这些庆典活动是不是适合你的培训班，时间是否允许，场地是否有限。或者你可以使用本部分提到的创意帮助你创造更适合某项培训主题或培训班的庆典活动。

结业庆典能干什么

结业庆典给学员提供了一些机会，使他们能够：

- 在培训结束前，以一种积极的、肯定的方式再次跟彼此**建立联系**。
- **致谢**本次培训之旅以及同行的同学。
- **表明**对某位同学、对自己小组以及全班的感谢。
- 再次**承诺**，在培训结束后将所学知识学以致用。

- 给本次学习之旅留下积极与美好的体验。

做好准备

- **活动材料：**根据活动内容，你需要常规的培训材料，也要根据特定庆典活动的需求准备相应的特殊材料。
- **活动安排：**对于需要身体动起来的庆典活动，你需要更大的活动空间。对有些活动而言，如果可行的话，你需要使用一些休息区、走廊或者走到外面去。
- **分组规模：**任何规模大小都可以。
- **活动时长：**大部分活动需要 10 ~ 30 分钟。

5 种结业庆典

1. 制作活动

在这个活动中，学员制作一些培训的纪念品，大家离开的时候可以带走。纪念品是一种具有代表性或象征性的立体物品，能够提醒大家在培训中学到的一些概念。按照下面的步骤说明进行。

- 在每个小组的桌上放置一个手工材料小包（里面有空心管、培乐多彩泥、榫钉、修补工具、乐高玩具及其他立体材料）。
- 向每组说明，每个小组所有成员可以共享手工材料。大家可以创造出自己的立体手工艺品，这些工艺品能够代表：
  - 培训中的一个或几个概念。
  - 学员如何学以致用。
  - 隐喻整个培训过程。

  下面有一些例子：
  - 在客户服务培训课上，一位学员用空心管做了一个工艺花，花上的花瓣代表各种“成长中”的客户。
  - 在高效沟通技巧培训课上，一位学员用培乐多彩泥制作了一只眼晴和耳朵的泥塑作品，代表在说话之前要懂得倾听。

- 在安全检查工作坊中，一名员工用建筑用纸做了一个工作护具——安全帽，上面写着最重要的三条安全提示。
- 在数据库软件培训课上，一名学员用卡片制作了一摞书签，上面印着程序代码。

- 当所有小组完成了制作作品时，告诉大家轮流向本小组或全班同学解释自己的作品。每位同学做完解释后其他同学都报以热烈的掌声。
- 学员在离开课堂后带走自己的作品。

制作活动的变形如下。

- **人手一个**。这次不再是提供各种各样的手工材料，而是给每位学员提供一个手工材料（如一个空心管、一小包彩泥），每个人利用手中的材料创造出一个小的个人作品。学员将这些小作品用带子或胶水固定在一张建筑用纸上，然后给这张纸做个标签，起个名字或写一个作品说明。例如：参加安全培训的学员用空心管制作了一个脚印的轮廓，他把这个东西固定在一张纸上，把它命名为“通向安全的脚步”。他在这些脚印周围印上安全流程的各个步骤。
- **一组一个**。给每个小组发一包手工材料（第一桌是一袋空心管、第二桌是乐高玩具、第三桌是培乐多彩泥）。每个小组合力创作一个作品，并向全班同学展示。例如：
  - 在保险培训中，每个桌子利用空心管和纸张制作了一个应用程序的时间轴，纸上写着每一步需要做什么，空心管代表着时间轴。另一组创作了一个彩泥作品，代表了问题解决方案，每个泥塑作品代表了一种不同的解决方案。

2. 洗车证书

这是一个很耗精力的庆典活动。尤其是当你有分发证书这个环节的时候，这个活动非常有用。尽管对于很多培训师来说，这个活动已经相当熟悉，如果你认为这个活动对你的培训学员不合适，你可以考虑做下面这个吹响号角的活动，或者挑选其他不同的庆典活动。按照下面的步骤说明进行：

- 根据培训教室的大小腾出一大片地方（或者在教室中间腾出一个较宽的通道），或者利用长长的走廊、外面的步道。
- 告诉大家面对面站成两队（每队的人数基本相同）。如果小组规模比较小（小于 12 人），你可能需要大家站成一队就行了。
- 活动开始，你站在两队的队首，手持证书，叫出第一个证书上的人名。
- 这个人走向你所站的队伍的队尾，然后从两队中间走到你面前。在他走在两队中间走向你的过程中，两队的其他同学给他击掌庆祝、握手、拍拍后背、鼓掌、口头祝贺、欢呼等。（在这儿想想“洗车”这个比喻。）
- 当他站在你面前时，把证书颁发给他并致以祝贺。然后，把剩余的一堆证书放在他手上，让他知道现在该他转身叫出下一个证书上的名字了。此时，你加入其中一队，成为洗车证书活动的一员。
- 这个你发给证书的人叫出一个名字，把证书发给该人，同时把剩余的证书也都给他，以此类推，直到所有的证书都发放完毕。
- 最终，每个学员都参与了活动，给大家鼓过掌，给别人发过证书（除了最后一个人，他只接受了证书，没给别人发过证书）。
- 当每个人都收到证书后，请大家集体再鼓一次掌，培训到此结束。

洗车证书活动的变形：

- **两两颁发**。如果你的培训班规模很大（多于 20 人），或者你开展活动的时间很有限（小于 20 分钟），那么你就一次叫两个名字。两名学员同时穿过两队中间，接受大家的掌声。然后他们也会叫出另外两个人的名字，直到所有人都接受了证书为止。
- **欢呼雀跃**。如果你的培训班待在一起的时间超过一天，或者如果他们中间有性格特别活泼的人，你可以建议让他在别人走过通道时摆出一些姿势、耍一些舞蹈动作或者给出一些欢呼声。许多同学都会这么做，但是有时你建议大家故意这么去做会很好玩。

- **吹响号角**。跟洗车的站队不同，大家可以站成一大圈或一大队。给每个人发一个制造噪声的玩意儿（如口哨、玩具笛子、呱呱板、小铃铛等）。当有人走过的时候，利用这些小玩意儿进行欢呼。

3. 循环庆典

这个活动跟本书第三部分学员设计的游戏中的投球活动很相似。在循环庆典活动中，全班同学需要一个柔软的可掷的物件（如毛绒球、玩具泡沫、沙滩球、毛绒动物玩具、沐浴球等）。按照下面的步骤说明进行。

- 告诉大家在教室中一片空地围成一个圈站立。你也要站在这个圈里。
- 向大家说明，谁拿到球就要向所有人讲下面的内容：
  - **从培训中得到了哪些乐趣。**
  - **对班级里的同学有什么感谢的话。**
  - **如何学以致用。**
- 开始把球扔给某位同学，活动开始。
- 大家随机把这个球扔来扔去，直到有人愿意讲话并轮到他拿球。如果这个班级很大（多于 20 人），或者时间很有限，那就减少扔球的次数，看谁自愿讲给大家听，剩下的人认真观看聆听就可以。
- 循环庆典在掌声中落下帷幕。

循环庆典活动的变形：

- **坐成一圈**。如果班级规模很大，场地有限，那就让学员把坐的椅子摆成一个圆圈，不再站着，而是坐在那里开展这个游戏。
- **小组循环**。如果班级规模很大（多于 30 人），你可以建议大家以所在桌为一小组开展循环庆典活动。大家可以在桌子旁开展活动，也可以在教室里找一片空地来做。站着还是坐着都自便。给每个小组一个活动用球。

4. 我喜欢我的邻桌

这个活动会激发肢体活动，需要高度的运动知觉。对于那些培训日期超过两天，15 ~ 30 人规模的培训班来说，大家待在一起的时间够久，这种活动的效果也最好。给活动留出一定时间——通常要 10 ~ 20 分钟。对于整体年龄较小（二三十岁）、学员性格活泼外向、喜欢参加体力活动的培训班来说，这个活动效果也最好。最终，你来判断这个活动对你的培训班是否合适。如果不合适，你再选一个别的庆典活动。

你把这个活动当作小孩子玩儿的抢椅子，但是参与的都是成人。按照下面的步骤说明进行。

- 庆典活动开始前，准备一张有一系列表述的清单，给每人发一份。清单样例如下：
  - 我喜欢我的邻桌，他会将今天培训课上学到的创意用于明天的工作。
  - 我喜欢我的邻桌，他认为能在工作中把培训课上学到的东西教给别人。
  - 我喜欢我的邻桌，他认为在培训课上学到的最重要的东西是（把跟主题有关的一些内容写在后面）……
  - 我喜欢我的邻桌，他还想知道（把跟主题有关的一些内容写在后面）……
  - 我喜欢我的邻桌，他计划在不久的未来参加另一个类似的培训。
  - 我喜欢我的邻桌，当他回到工作岗位上会立刻将学到的技能（技能名称）用于实践。
  - 我喜欢我的邻桌，培训课上他最喜欢的内容是（把你最喜欢的内容写下来）……
  - 我喜欢我的邻桌，培训课上他最不喜欢的内容是（把你最不喜欢的内容写下来）……
  - 我喜欢我的邻桌，他和（某人的名字）在同一个小组合作。
  - 我喜欢我的邻桌，他和这间教室里的每个人都合作过。
  - 我喜欢我的邻桌，他在培训中冒过一些风险。
  - 我喜欢我的邻桌，他在培训中能说会道。
  - 我喜欢我的邻桌，他是我在培训课上的合作伙伴。

    - **我喜欢我的邻桌，他在培训课上下笔如有神。**
    - **我喜欢我的邻桌，他对许多学习内容都感到惊讶。**
    - **我喜欢我的邻桌，他说这次培训改变了他的生活。**
- 让大家帮你在教室的一片空地中把椅子摆成一个圆圈（离其他家具远一些），把多余的椅子拿开。参加活动的学员一人一把椅子。
- 因为你也要参加一会儿开始的活动，也因为你是没有椅子的，所以最终实际的椅子会比参加活动的人少一个。换句话说，活动进行期间，永远有一个人是站着的。
- 活动开始前你要跟大家读一下纸上的那些话（不一定按照纸上的顺序），你会说："如果某个说法正中你下怀，你必须站起来，与正在站着的那个人交换位置。"
- 你要提醒大家，活动可能非常热闹激烈，大家的动作一定要小心，免得在椅子间奔忙的时候绊到别人或撞到别人。学员当中有人也可以选择在一旁观看不参与，随个人意愿。
- 大声读出一句话。只要有人站起来，你就冲到他的椅子那里坐下。当尘埃落定，站着的人找到地方坐下后，就会有一个人被留在圆圈的中央。
- 这时你要说明，轮到这个人说出一句话或者从纸上读一句话。再一次，谁认为他说的或读的跟自己吻合就必须站起来，同站着的人交换位置坐下。
- 随后又有一个人被留在圆圈中央，这个人再读出一句话或自己讲出一句跟培训主题有关的话。活动继续往下进行，每次都有一个人留在圆圈中央。
- 当活动氛围爆棚的时候将活动停下，让大家给自己一次热烈的掌声，活动结束。

5. 边走边说

这也是一个需要高运动量的活动，它会在大家离开培训教室前引发较大的喧闹声与满满的活力。这个活动我在以往的公司和校园培训课上用过数十次。尽管班级规模或大（超过 100 人）或小（不到 10 人），但大家都热情高涨地参与到这个活动中来。你需要判断这个活动对你的培训班是否合适。按照下面的步骤说明进行：

- 让大家站起来，2 人一组或 3 人一组。
- 向大家说明，大家沿着教室的四周走动（或者走出去再走进来，如果可行的话）。当大家在走动的时候，要轮流讲一讲从培训中收获了哪些乐趣，学到了哪些对自己有意义的东西以及如何学以致用。
- 播放一些有节奏的音乐，营造一种欢庆的氛围，给活动增添一些活力。
- 当大家走回起始的地方时，让大家互相击掌庆祝或者在离开教室前一起鼓掌欢呼。

该你上场了

把你自己的庆典活动写在下面，或者放在下一页的概念图里。

结业庆典概念图

乐于了解

本书最后你乐于了解的信息

第1章　成人学习理论的秘密

一切都跟年龄无关

所有的学习都在于自己。

——丹·托宾

关于成人的学习方式你已经知道得很多了。你自己作为一名成年学员，一定看过《亲密接触》这本书。进一步说，你作为培训师肯定观察过许多成人的学习行为。这本书讲的都是跟这个主题有关的内容。除此之外，你还能发现哪些你所不知的成人学习的方式？

在我回答这个问题之前，让我们先从一张清单说起。读一读下面这几句话，把你认为对成人适用的说法画掉：

- 他们想要或者需要去学习。
- 他们学习的方式有很多。
- 他们在非正式的学习环境下学习效果最好。
- 他们了解自己、懂得自我主导学习并对自己负责。
- 当他们动手进行练习时学习效果最好。
- 他们把自己过往的经验带到学习中。
- 当他们把新学的知识同自己已经知道的东西产生关联的时候学习效果最好。
- 他们能贡献自己的想法。

你可能把大部分或者全部说法都画掉。你做得对——它们对成人来说都适用。

现在想一想你所认识的孩子们，例如你抚育的孩子或你小时候是什么样。想一想孩子们是怎么学习的以及你如何像孩子们那样学习。带着这些想法，读一下下面这些说法，把你认为对孩子来说适用的说法画掉：

- 他们想要或者需要去学习。
- 他们学习的方式有很多。
- 他们在非正式的学习环境下学习效果最好。
- 他们了解自己、懂得自我主导学习并对自己负责。
- 当他们动手进行练习时学习效果最好。
- 他们把自己过往的经验带到学习中。
- 当他们把新学的知识同自己已经知道的东西产生关联的时候学习效果最好。
- 他们能贡献自己的想法。

你可能在想："究竟怎么回事？这张清单跟前面的那个一样啊。"是的，是一样的，你可能也把这张清单上大部分或全部说法也都画掉了。真正的重点在于：成人学习理论跟年龄无关！本章会告诉你为什么。除此之外，本章还会为你提供一个成人学习理论的全新视角，以及如何在你的培训中使用这些信息的建议。

很久以前

在 20 世纪 60—70 年代，美国一所大学的教授注意到大多数向成人教学的方式——通过在课堂上讲课的方式——效果都不怎么好。事实上，这种教学方式就是让大家记住并使用课堂上讲授的内容，讲课、阅读作业、训练、小测验、死记硬背、考试这些方式对许多成人来说收效甚微。这位教授对于他所注意到的这一现象感受十分强烈，因此写了一系列关于大多数成年学员感官学习需求的著作。

这位教授的名字叫作马尔科姆·诺尔斯，波士顿大学成年教育研究方面的副教授。他的著作横跨了 40 年，从 20 世纪 50 年代一直到 80 年代，他基本上只围绕着教学、培训和成人学习世界里常见的两个词“大做文章”，那就是**教育法与成人教育法**。

教育法与成人教育法

不管怎样，马尔科姆·诺尔斯教授改变了美国对成人学习的普遍认识。我说“不管怎样”是因为诺尔斯一生的工作影响有积极的一面，也有消极的一面。

基本上，诺尔斯定义了两种不同的学习方式。首先，他说孩子们通过“教育法”学习效果最好，他把这种“教育法”定义为以老师为中心的教学方式，教学的焦点在以讲课为基础的学习方式上。其次，他说成人通过“成人教育法”学习效果最好，这种方法是以学员为中心，重点在于从实践经验中去学习。因此，“教育法”这个词现在渐渐变成了这种学习方式的同义词：老师通过讲解、书本或测验灌输知识，学生被动地坐在那里听。“成人教育法”这个词渐渐变成了学员在非正式的、强调动手练习的学习环境下积极参与学习这一方式的同义词。

成人与孩子

在美国，诺尔斯帮了成人一个大忙：他显著改变了教育者以及培训者的观念，让他们本着达到更好学习效果的目的满足成人的学习需求。

在 20 世纪 70 年代，他写过一本叫作《成人学员：被忽略的群体》的书，这是他最有名的著作之一。书中，诺尔斯强调了在成人课堂及培训中对成人教育法的需求——这是向传统的成人教学方法说再见的时间原点。

在非有意的情况下，诺尔斯给孩子们帮了一个大大的倒忙。他对非成人的学员固执地采用以老师为中心的老套教学模式。他认为，由于从 19 世纪初开始都是用这种以讲课为主的教学方式教孩子们，因此这种方法理应是效果最好的。因为这种方式延续了数十年，因此必定有效。由于陷入了“鸡生蛋”的思维模式，因此诺尔斯笃定自己是对的。

诺尔斯的错误在于他认为孩子们的这种学习方式是清晰易懂的。在那个年代，关于人的大脑通路是如何吸收信息、进行记忆以及再检索这方面的研究甚少。这种关于人脑科学的研究真正起步是在 20 世纪 70 年代晚期，从 90 年代一直到现在相关的研究才逐渐兴盛起来。

当诺尔斯意识到传统的教学方法对于成人不管用时，他认为是因为年龄的关系，而不是教学方法不当的原因。他那时并不掌握我们现在已经了解的研究成果：不管什么年纪，在被动地听讲时，大多数人都学得不怎么样。

从成人学习到人的学习

过去 20 年关于人类大脑科学的研究证明了当人们积极地参与到学习过程中时，学习效果最好——这种积极的学习过程意即在非正式的、强调动手的学习环境中，利用有意思的、有动力的、自我主导的学习手段进行学习。这种以大脑为基础的学习方式详细展示了人的学习过程。人的学习不是基于年龄、性别、文化、年代或其他假设的条件。的确，这些因素起到了一些作用，但是并不如支持人类学习的相关基础研究那么重要。

关于成人学习理论的一个具有讽刺意味的事情是，在诺尔斯的研究成果面世 40 年后，许多成人教育法仍然停留在“教育法”的层次——以讲课为基础、以老师为核心。尽管嘴上说得好听，感谢诺尔斯的理论，大多数培训师的培训课上都引用了诺尔斯的著作，但是以讲课为基础的教学方法仍是大多数成人教学课上的主流——哪怕有些课的主题就是成人学习。顽疾难除。

由于你对人的学习原理已经了解很多了，所以让我们来做两个练习。首先，读一读下面这个清单，它是从马尔科姆·诺尔斯的著作中摘选的。每个句子里我都改动了一个词—— 一词之变就会让整句话的意思有所不同：

- 人想要或者需要去学习。
- 人学习的方式有很多。
- 人在非正式的学习环境下学习效果最好。
- 人了解自己、懂得自我主导学习并对自己负责。
- 当人动手进行练习时学习效果最好。
- 人把自己过往的经验带到学习中。
- 当人把新学的知识同自己已经知道的东西产生关联的时候学习效果最好。
- 人能贡献自己的想法。

现在读一下第二张清单，给每个句子标上“虚构”或“事实”。注意了，这不是真假判断：

1. 人通过听讲与参加测验学习效果最好。
2. 大多数学员喜欢自我主导学习并积极参与到学习过程中。
3. 不管是孩子还是成人都有自己钟爱的学习方式。
4. 不管是孩子还是成人，当他们在学习过程中感觉良好时都会学得更好。
5. 年龄不同，人的学习效果也不同。
6. 过往的经验对人的学习过程很重要。
7. 不考虑年龄，人都能贡献自己的想法。
8. 非正式的学习环境会有损学习体验。
9. 把新学的知识同自己已经知道的东西产生关联对学员来说很困惑。

核对一下你的答案：

1. 人通过听讲与参加测验学习效果最好。虚构——**不管什么年龄，几乎没有人通过被动地听讲、参加测验就会学得很好。**
2. 大多数学员喜欢自我主导学习并积极参与到学习过程中。事实。
3. 不管是孩子还是成人都有自己钟爱的学习方式。事实。

4. 不管是孩子还是成人，当他们在学习过程中感觉良好时都会学得更好。事实。
5. 年龄不同，人的学习效果也不同。虚构——**年龄对人学习过程的影响并不重要。**
6. 过往的经验对人的学习过程很重要。事实——**孩子们可能没有像成人那么多的经验，但是他们对于相关主题还是有一些知识储备的，哪怕只是通过观察或听说积累的知识。**
7. 不考虑年龄，人都能贡献自己的想法。事实。
8. 非正式的学习环境会有损学习体验。虚构——**不管什么年龄，大多数学员在非正式的学习环境中会学得更好。**
9. 把新学的知识同自己已经知道的东西产生关联对学员来说很困惑。虚构——**将新学的知识同已掌握的知识联系到一起对所有学员来说都很重要。**

让陈旧的教育法和成人教育法退出历史舞台感觉真好，尤其是考虑到不管是什么年龄的学员，教育法对其而言已不再管用。对你来说，教育法也不再管用。对你培训班和培训课上的学员来说，教育法可能也不再管用了。

把你的做法带回家

现在你即将把这些概念运用到你的培训师工作中。基于人学习原理的特点，当你设计或教授下一次培训课、教学课或演示的时候，你会怎么做呢？读一下下面这个清单，把能够描述你所作所为的选项圈出来：

A. 我会保证清晰准确地将重要概念展示出来，学员会安静地听我讲课，这样才能学到所有的东西。

B. 我会使用多种多样的教学策略，这些教学策略会让学员通过讨论、动笔、开展跟主题有关的活动参与到学习中来。

C. 我会给学员一些机会让他们讨论跟主题有关的内容，并在学习过程中加入一些复习活动。

D. 在培训伊始我会先讲明学习目标、学习成果以及学习日程。

E. 我会先组织一次讨论，让大家讨论一下关于这个主题都了解哪些内容。

F. 既然学习环境不会对学习过程产生影响，那我就把教室里的桌椅安排得整整齐齐的，这样学员都一致面向教室前方而坐。

G. 我会把教室安排得看起来比较随意一些，每个小组都围着一个小圆桌坐，这样大家可以参与到跟主题有关的讨论中，从彼此身上学到东西。

当然，B、C、E 和 G 项你是肯定会做到的，因为你知道人怎么学习效率最高。

如果你读过本书之前的章节，你就不需要读后面的内容了。后面的内容只是对我前面讲的内容进行的要点复习。但是，如果之前你是从本书后面读起的，那么下面这些内容就会给你提供一些建议，帮助你将成人学习模式转化为人的学习模式：

- **花时间了解学员都知道些什么**。在培训的初始阶段，给学员几分钟的时间让大家讨论一下关于这个培训主题都知道些什么或听说过什么。在整个培训过程中，鼓励大家一起分享认知、想法、见解和观点。可以使用本书第一部分作为参考资料。
- **使用各式各样的学习策略让学员参与学习**。这么做的例子有两人一组或几人一组的讨论活动、快速游戏（更强调合作性而非竞争性）、大家相互教授所学内容的互教活动、学员制作活动、学员展示活动、大组的讨论、演示、模仿和角色扮演等。本书的第二部分和第三部分还有许多其他的类似活动。
- **给学员一些选择**。列出一些复习任务，让大家自己决定愿意做哪个，然后两两一组、三人一组或者几人一组合力完成任务。当然，本书的第二部分和第三部分会帮到你。
- **创造一个好客的、友好的和非正式的学习环境**。让学员利用教室里摆成一圈的圆桌和椅子形成一个个小组。桌子上放有许多马克笔、彩纸、便笺、卡片等物品。墙上挂着彩色的图表，上面印有跟主题有关的信息。如果可能的话，给大家提供一些软饮和小食，或者让大家自己带点类似的食物到教室来。本书前面的“大脑友好型培训”一章会帮你出出主意。

总而言之，作为培训师你最大的挑战就是让那种老套的教育法模式，即以培训师主导、基于讲课的教学方式扬长而去，尽情拥抱大脑友好型的成人教育法。由于你已经在读这一章（还有本书）的内容，所以你已经开启转换模式了。利用本书中教你的策略，你会成为帮助人们学习方面的专家。

“成人教育法”才是一切的关键。

——选自杰·克洛斯的《非正式学习》

第 2 章　从最后开始

取得学习成果的新方法

如果大家没有学会，是因为他们根本没教过。

——贝纳 · 卡里克

让我们快速做一个联系练习。你已经开始读本章的内容了，问个问题，你想从本次阅读中获取什么？讲得再具体点儿，你读完本章内容后期望能够**弄清楚**什么东西或**做出**点什么事情？给你一点时间思考，然后在下面的方框内写出一两句话。

作为本书的作者（你也可以称我为本章的教学设计师），我希望在有人问你什么是良好的学习成果时你能够解释清楚。我也希望你能把良好的学习成果表述清楚，甚至能够将你所学的东西展示出来。让我们看看能否朝着这些目标一起迈进。

当斯蒂芬 · 潘恩写下“在头脑中要有从最后开始的意识”这句话时，

他可能——没有意识到——给教育者和培训师定义了学习成果。通常情况下这也称作学习目标，在开始培训的时候你就要在脑海中已经形成学员要取得什么学习成果的概念。要清楚学员在培训结束后能够展示什么、表现出什么或者能做什么？如果学习目标是掌握某一种知识，那么就要清楚最后他们要会定义、解释这些知识，能够回答有关的问题或者能把所学的东西教给别人。

所学即可见

取得学习成果是一种行为，是一种可见的行为，当培训结束的时候能够被学员表现出来。当学员表现出学习成果的时候培训师（或其他人）能够实实在在地看到。这不是猜哑谜的事情，这是不管对于学员还是其他任何人都能一清二楚看到的事情。

举个例子，如果一位员工参加了公司新数据库软件的培训，随后能够将客户信息准确无误地输入数据库，这就是对其所学内容的展示。换一种方式说，如果一名新的档案管理员参加了档案整理方面的培训，但是仍然不会将档案正确归类，那么这就表示他在培训中一无所获。当涉及某项技能的时候学习成果一目了然。

这对于人际交往之间的技能，或者称为软技能，同样适用。只不过有可能不是那么容易看得到。举个例子，当一位经理完成了一次领导力的培训课程，但是对她的下属依然颐指气使，那么通过她对待下属的表现，可以看出她没掌握领导力的新技能。也有可能她听了跟这个主题有关的内容，但是没有学到什么真正的东西，因为她的行为没有发生任何变化。与之相对比的是，参加完一次以解决问题为主题的工作坊后，一位经理认真聆听员工的抱怨后再发表看法或给出解决办法，这就是在展示工作坊中学到的内容。

当培训是为了记住某些信息，而不需要教授或练习什么技能，那么此次培训的学习成果就集中在学员解释、定义、列举、撰写或重复某些信息的能力。例如，酒店前台员工通过向酒店客人讲解酒店礼仪展示了他对酒店礼仪知识的理解力。还有另一个例子：金融理财顾问参加了一个基础投资培训班，表明她已经学会了如何对一个潜在的客户介绍各种各样的投资项目。换个说法，如果一位经理参加了美国零售税知识更新的培训班，培训完了甚至都说不出新的零售税法规有什么变化，那么他可能没学到什么东西。

我们稍做停顿，看看下面这三种学习成果是怎么写的。读一读，然后你自己决定下面这些说法是否描述了学员展示出的可见的学习成果行为，你或者其他人能否看见这种实际行为发生：

1. 在安全培训结束后，保安们知道锁闭大楼的正确方法。
2. 参加了系统分析软件培训的学员会清楚更新公司计算机系统的流程。
3. 电话呼叫中心的员工学会如何将来电正确转给有关部门。

有可能你注意到了，看不见实际行为的三个动词是：**知道**、**清楚**和**学会**。

许多培训师在写学习成果的时候仍然在用这样的词，哪怕这些词根本无法表现出学员究竟掌握了什么能力。事实上，他们根本没有描述出来任何可见的行为，因为知道了什么、清楚了什么、学会了什么根本看不到。你能看到的就是作为知道、清楚以及学会的结果出现的行为上的改变。

让我们把这三种成果重新写出来，让它们变得可见：

1. 在安全培训结束后，保安们能够**展示**出正确锁闭大楼的方法。
2. 参加了系统分析软件培训的学员能够**演示**出更新公司计算机系统的流程。
3. 电话呼叫中心的员工将来电正确**转接**给有关部门。

这些学习成果现在描述出了学员参加培训后行为上的变化。如果学员没有这些改变，就表明他们没有学到应该学到的内容，那么就要对其开展新的培训、补学、一对一的指导、师傅传帮带或者调换工作岗位。

这里有一些行为词汇——可见的行为——你在写学习成果的时候用得上。你可以选择两个或几个词，在其旁边的空白处做做练习，用这些词把与你培训主题有关的学习成果写出来。你也可以把你自己的行为词汇加在下面：

- 论证
- 表现
- 展现
- 展示
- 使用
- 运用
- 选择
- 做
- 行动
- 设计
- 制作
- 创造
- 讨论
- 辨别
- 解释
- 陈述
- 列举
- 描述
- 定义
- 通过测试
- 教给别人

他们应当知道什么

作为培训师，我们也需要明白学员应当知道什么才能**证明**自己学到了真本事。这看起来好像很简单。知与行是密不可分的。对于我们来说遇到的挑战是将学员应知应会的信息与选学的知识区分开，不要让应知应会信息变成跟学习成果毫无关系的次要内容。如果有些内容跟学习成果关系不大，我们可以把这一部分内容当作学习资料，让学员在课余时间阅读，如果培训结束前还有富余的时间，我们也可以掉过头来再学习这块儿内容，或者我们可以将它从培训内容中彻底拿掉。（参见本书第二部分获取更多有关信息）

我会以之前讲过的三种学习效果为例，解释应知应会信息与选学信息的区别（一定要记住，整体来看，选学信息可能跟培训主题是有关联的，只是跟特定学习成果没有关系）：

1. **在安全培训结束后，保安们能够展示出正确锁闭大楼的方法。**对于这种成果来说，保安必须知道大楼钥匙与大门的具体位置、锁闭顺序、安全密码以及正确锁闭整座大楼的准确步骤。那么与此相对的非必知信息（选学信息）可能就是支持服务部门（警察、消防、大楼物业经理）的电话号码。
2. **参加了系统分析软件培训的学员能够演示出更新公司计算机系统的流程。**分析师必须知道公司计算机的用户名、代码、名称缩写、密码以及每步的操作程序。针对这一结果的非必知信息有公司系统的原型或者系统在过去都出现过哪些问题。
3. **电话呼叫中心的员工将来电正确转接给有关部门。**呼叫中心的员工必须知道应该向来电者问哪些具体的问题，以及相关部门的电话号码。针对这一结果的非必知信息有相关部门接到转接的来电后会怎么做。

为了将应知应会信息与选学信息区别开，问问你自己：

- 学员要有效地展现学习成果必须掌握哪些基本的信息？
- 有哪些信息是跟学习成果有关系但并不是学员展示成果必须掌握的？
- 如果培训时间减半，你会保留哪些概念？会把哪些概念放在参考材料里，让学员在课余时间阅读？
- 有哪些概念一旦员工没有掌握就会严重影响工作表现？
- 学员只有掌握哪些概念才能通过考试获得证书？

学会用公式吧，孩子

为了让学员取得老师期望的学习成果，首先应该搞清楚他们必须掌握哪些信息。一旦你对这些应知应会信息了如指掌，你就可以利用这个简单的公式把学习成果写出来。这个公式简洁明了——让你对传统的冗长的方法有一个重新的审视。我把它称作 LO（Learning Outcomes）基本公式：

行为+概念或技能=学习成果

还能更简单吗？如果你有兴趣的话，可以自己试试。但是所有的学习成果归根结底就是由这两个重要元素组成的：行为与概念，或行为与技能。这个公式的另一种写法是：行为词加上概念或技能等于学习效果。

我在下面列出了 8 种 LO 基本公式的具体例子，你能认出可见的行为与概念或技能吗？把它当作一个练习，将行为词框起来，在表述概念或技能的短语下面画上横线。然后跟我的答案核对一下。

1. 机器操作员会展示组装生产线的安全设施的使用方法。
2. 酒店预订员工会详细讲述在接到酒店预订来电时需要遵循的五个工作步骤。
3. 每名员工需要教会别的员工如何在公司数据库中输入信息。
4. 部门经理会列出三种问题解决策略，帮助他们处理难缠的客户。

5. 培训师培训课程的学员会将教材划分成几部分，每部分大概有 10～20 分钟的授课时长。
6. 经理会解释新旧联邦残障法的不同。
7. 饭店服务员会布置餐桌，并能当场按照员工手册的礼仪指南接受客户的指示。

8．电话呼叫中心的接线员会遵循新的电话接听处理程序接待所有客户。

下面是我的答案。你的答案可能跟我的稍有不同，但是应该包含方框里和下画线上的内容。

1．机器操作员会展示组装生产线的安全设施的使用方法。

2．酒店预订员工会详细讲述在接到酒店预订来电时需要遵循的五个工作步骤。

3．每名员工需要教会别的员工如何在公司数据库中输入信息。

4．部门经理会列出三种问题解决策略，帮助他们处理难缠的客户。

5．培训师培训课程的学员会将教材划分成几部分，每部分大概有 10～20 分钟的授课时长。

6．经理会解释新旧联邦残障法的不同。

7．饭店服务员会布置餐桌，并能当场按照员工手册的礼仪指南接受客户的指示。

8．电话呼叫中心的接线员会遵循新的电话接听处理程序接待所有客户。

现在你试试将不能刻画学员可见行为的学习成果做一更正。读下面的内容，使更正结果满足每个学习成果的要求。然后将你的答案同我的建议进行核对。

A. 员工们**知道**了最新的数据库安全代码。

更正为：

B. 培训师培训课上的学员**理解**了在设计培训、开展培训时活跃学习氛围的重要性。

更正为：

C. 技术专家**学会**了硬盘的更换程序。

更正为：

D. 银行柜员**了解**了银行的存取记录系统。

更正为：

E. 学员**明白**了所有概念。

更正为：

F. **培训师会教**新员工公司有关法律方面的规定。

更正为：

我已经把我的建议列在下面了。你的答案可能稍有不同，但是应当对可见行为有所描述。

A. 员工们**知道**了最新的数据库安全代码。

更正为：员工们会**列出并解释**最新的数据库安全代码。

B. 培训师培训课上的学员**理解**了在设计培训、开展培训时活跃学习氛围的重要性。

更正为：培训师培训课上的学员会在设计培训、开展培训时**展示活跃的学习氛围**是怎样的。

C. 技术专家**学会**了硬盘的更换程序。

更正为：技术专家会**演示**硬盘的更换程序。

D. 银行柜员**了解**了银行的存取记录系统。

更正为：银行柜员会**演示**银行的存取记录系统。

E. 学员明白了所有概念。

更正为：学员会对所有概念**举出实例**。

F. **培训师会教**新员工公司有关法律方面的规定。（注意：这根本不是学习成果的表述，因为它讲的是培训师会做什么，而不是学员会做什么。）

更正为：**新员工能解释**公司有关法律方面的规定。

真实培训的真实成果

如果我们只是把学习成果打在幻灯片上或者印在发给学员的教材上，后来却把它忘得一干二净，那么我们也没必写什么学习成果了。如果我们没有给学员时间去了解、思考、讨论学习成果，那我们也没必要把学习成果写出来。迈克·艾伦这么说过："许多（培训师）希望学习目标不仅可以帮学员组织好自己的学习，还给他们学习有关内容提供动力。"如果学员不积极参与到学习成果的审视中来，或者这些学习成果跟他们毫无关联，那

么前面说的学习目标的作用也就无从谈起。

为了使 LO 公式变得真正有意义，并且成为教学过程的有效部分，我们必须使其成为整个培训课的固定内容。本书的第二部分和第四部分会帮助你做到这一点。下面是一些本部分内容的注意事项——都是些建议，能帮你将学习成果揉进整个学习过程中：

- **把学习成果贴出来**。把学习成果写下来贴在大家可以看得一清二楚的地方。除了可以把学习成果印在教材或打在幻灯片上，还可以使用黑色马克笔把 LO 公式用粗体字写在图表上，然后挂在教室的墙上。要确保每位学员都能从自己的座位那儿看到图表上的内容。
- **从学习成果活动开始**。你把 LO 公式展示出来后，学员除了看图表上的公式还得做点别的事情。LO 活动可以只有一两分钟那么短——只要能让学员以一种活跃、有趣的方式熟悉 LO 公式即可。举个例子，学员可以把图表上他们认为对自己来说最重要的学习成果用对钩或圆点标出来。大家可以针对学习成果进行讨论，每个小组投票选出一个最重要的学习成果，或者选出最重要的三个学习成果，排出一、二、三名。或者，学员可以把自己认为最重要的学习成果写在卡片上，随后再拿出来参考。
- **让学员创造并张贴属于自己的学习成果**。这个活动对于学员建立与学习成果的关联性很重要，同时有助于提升学习动力，实现在培训课上跟老师的双赢。学员可以把自己的学习成果直接写在墙上的图表上，也可以写在便笺上贴到另一张图表上。不管是哪种方式，学员创造的学习成果都会成为培训过程中及培训结束后的标尺。艾伦总结道：“不要把学习目标列出来……让学员自己去创造。”

- **培训过程中时不时看看学习成果**。每讲完一部分主要内容后，让大家回过头来看看图表上的学习成果，让大家讨论一下所学的内容跟这些培训成果有什么关系。学员也可以把自己贴出来的学习成果拿出来看看，讨论一下，看看随着培训过程中重点的变化，能增加或删除哪些。通过这种方式，LO 会成为你学习之旅的路标。
- **以学习成果活动结束**。给学员充分的时间评估自己的学习过程，给学习之旅画上一个圆满的句号。让大家问问自己达到预期的学习目标了吗？不管是在培训过程中还是回到工作岗位上，大家能够展现各自的能力吗？

回到开始的地方

让我们回到本章的起始。那个时候你曾思考过想从本章学到些什么，并写了出来。那时候我也希望你能利用本章学到的东西，解释学习成果都有什么，并把它写下来。你学到起初期望学习的内容了吗？你能把学习成果解释给家人、朋友或同事听吗？你能把具有一定能力水平的学习成果写出来吗？现在试试看。找一次你教的培训课，想想最后都取得了什么学习成果，挑两三个简要地写在下面的横线上。记得用 LO 公式表达：

____

____

____

当我们把培训中的所有内容同最终要呈现的结果紧密联系在一起时，学习成果会帮助我们步入正轨。学习成果不仅是我们的路标，也是学员的路标。跟幻灯片展示的清单不同，那上面的东西很多讲过就忘了，而学习成果会成为培训整体不可分割的一部分。事实上，学习成果对学员的重要程度跟它对我们的重要程度是一样的。除此之外，学习成果使培训效果变得更显而易见且更易于评价。当所有的培训环节——联系、概念、实用练习、总结——都跟学习成果紧紧联系到一起时，我们有望看到培训能取得持久性的成功。

每位学员都必须认识到学习的价值——不仅是泛泛的认识，而是清楚地知道有哪些具体的、有意义的益处。

——选自迈克·艾伦的《迈克·艾伦的电子化学习法导论》

第 3 章　世界咖啡

以有意义的谈话为手段的创新过程

真正的谈话是我们人类共同思考的方式。

——选自朱安妮塔·布朗和戴维·伊萨克的《世界咖啡》

欢迎来到世界咖啡

注：本章图片的版权属于南希·马奎琳，www.nancymargulies.com 所用，本书经授权使用。

想象自己是一家大型零售公司的员工，正准备参加一个为时两小时的培训，培训的内容是如何处理一些常见的客户服务问题，这些问题经常在公司的一些零售店里出现。

你走进培训教室，发现这间培训教室跟往常的教室布置得不太一样。培训师叫罗斯，他把教室改造成了咖啡厅的样子，看起来比较随意：教室里四处摆放着桌子，白纸被当作“桌布”铺在桌上，每张桌子上的玻璃杯里都放着五颜六色的马克笔，闪亮的公司产品海报被当作墙饰挂在那里。每张桌子旁摆放了四把椅子，教室的一边还准备了小食和饮料，有节奏的背景音乐在教室里回响。

你像其他参加培训的员工一样，拿了一杯咖啡和一些松饼坐在一张桌子旁。你注意到每张桌的“桌布”纸上都印了一个问题。因为整间教室有十张桌子，但只有五个问题，因此每个问题都会有所重复。所有的问题都跟客户服务的某个方面有关，公司想在培训中把问题提给大家：

1. 在你的经历中，你遇到过或听说过哪种客户服务问题或有什么客户服务方面的顾虑？如果这些问题和顾虑最终都得到了解决，那么你是怎么解决的？
2. 哪种客户服务策略对你或你的客户来说比较管用？
3. 就你来看，你觉得哪种客户服务策略应该有所调整，怎么调整？
4. 要对你的客户服务工作做进一步支持，你的公司还需要做些什么？
5. 还有什么客户服务方面的问题、顾虑与建议，你愿意在这里讲给大家听？

罗斯开始说话，整间教室安静下来，他告诉大家，大家要参与到一个改版的“世界咖啡”活动中。这种学习活动是用来帮员工们开展跟主题有关的有意义的谈话的。罗斯用几分钟的时间讲了讲咖啡“礼仪”，并教给大家该怎么做：

1. 你要站起来，找出一个你愿意跟别人讨论的问题，然后坐在那张咖啡桌旁，跟同桌的人交谈大概 20 分钟。
2. 跟同张咖啡桌的人深入探讨之前挑选的问题，大家会分享各自的答案、看法以及想法，然后用马克笔记在“桌布”纸上，当然，你也可以画在纸上。
3. 时间到了之后，对你同桌的同学致谢，然后换一张新的咖啡桌，找到一个新的问题与一群新的同伴。每桌将有一个人留下来，自愿当“主人”，迎接新一组同学的到来。这位主人对新成员的到来表示欢迎，并跟新成员分享之前一组讨论的对该问题的基本与关键见解。这位主人会请新成员提出更多观点，并与之前的观点联系起来。

4. 第二轮讨论也要进行大概 20 分钟，重复上一轮的过程。当时间到了之后，该桌的主人可能还会待在那里，等待下一轮同学的到来，或者看还有没有其他组员自愿当主人，接着欢迎新一组成员的到来，并对上一轮的讨论内容进行总结。其余的人继续进行第三轮。
5. 在第三轮，你就要对整个讨论过程涉及的主旨、观点或深入的问题进行总结概括。

罗斯最后说道，你的时间只够回答五个问题中的三个，看你对哪三个问题最感兴趣，但是课后你会把五个问题的最终回答通过电子邮件发给每个人。同样，部门办公室会把每桌“桌布”纸上的回答汇制成表挂在公司的内网上，这样员工们都能看到。公司会根据世界咖啡活动中大家的回答，对客户服务策略进行深入修订与改进。

当世界咖啡活动结束后，罗斯让每个小组对其讨论的内容进行一个简短的口头总结，以组为单位进行总结展示，然后罗斯组织一次以客户服务为主题的全班大讨论。总结和讨论大概持续 30 ~ 40 分钟。

在最后的时间里，罗斯建议每个人根据世界咖啡活动中收集的观点和建议，创建一个个人版的客户服务实施方案。随后把你的方案跟同组的同学们分享。最后罗斯对你的参与表示感谢，活动到此结束。

什么是世界咖啡

尽管世界咖啡的活动结构跟概念中心（见本书第二部分）很相似，都是让大家一桌一桌挨着走，每到一桌都要以讨论的方式进行合作，或者是以其他活跃的参与方式开展活动，但是世界咖啡的目的跟概念中心还是十分不同。概念中心主要是培训手段，是利用一种活跃的方式教授新的知识，而世界咖啡更像是一种培养观点的过程，用来增进团队的合作性，发现共同价值，探寻组织共同的顾虑，思考新的概念和策略，培养创新机遇，为行动激发创意。正如朱安妮塔 · 布朗和戴维 · 伊萨克在《世界咖啡》一书中所说的，“咖啡谈话给传统的行动方案制订方式搭建了新的舞台”。

为了达到培训目的，当培训小组或公司有如下意愿的时候世界咖啡会尤其奏效：

- 围绕主题**激发**新的创意。
- **培养**创新**机遇**。
- **深化**沟通与工作的关系。
- **培养**更强健的学习团队或工作团队。
- **促进**形成创新型的问题解决方案。
- **发现**各种各样关键问题的解决办法。
- **探寻**更多意想不到的方式，让大家相互认识，相互交谈，改变培训，改变公司，改变世界。

如果是下面这些情况：学习效果已经很明确并且十分具体，培训主要靠老师讲课，培训时间很短（不到 90 分钟），讨论的话题属于充满感情的（这种类型的需要更多的组织技巧）抑或培训主要是为了让大家掌握某项专业技能这些情况，那么世界咖啡可能不是最佳的学习手段。如果参加培训的人数不到 12 人，世界咖啡的效果也不会太好。

按照布朗和伊萨克的说法，“设计世界咖啡活动的初衷主要是为了激发大家进行合作，分享知识，建立人际关系网，探寻付诸实践的新的可行的方式”（2005 年，第 38 页）。换句话说，世界咖啡是一个有意义的合作性谈话的过程，是一种包容方式的象征，它的包容性在于邀请大家聚在一起开启彼此的对话。还有什么类似的方式比这种喝咖啡式地坐下来愉快地聊一聊务实的事儿更有用呢？

世界咖啡的起源

世界咖啡是怎么产生的？它对全球成千上万的人的影响都体现在下面这本书和网站的主旨中。书名为《世界咖啡：创造集体智慧的汇谈方法（修订本）》（2019 年电子工业出版社出版），网站为 www.theworld cafe.com。世界咖啡诞生的最重要的因素是其具有全球性的根基。来自世界各地的人们有机会利用“咖啡谈话”的方式创造原始概念、影响原始概念，以此对商业、团队以及全球性变革产生影响。咖啡小组由各个不同国家的人组成，这些人来自成千上万大大小小的团队，他们有着全球化的商业和教育背景。这张“咖啡网”通过网站联系到了一起，并通过公告板、博客、维基站点等类似的网络工具分享知识与见解。这张“咖啡网”每天都在扩张，其使用方式也在千变万化。尤其当人们想要进行策略性的思考、进行项目开发、开展教育与医疗改革时，咖啡谈话的影响是十分深远的。还有，不管何时人们想要发表批判性的言论，意欲改变所在团队、公司、组织以及生活的未来时，咖啡谈话的影响与意义更不可小觑。

世界咖啡的设计原则

世界咖啡的创始人与全球咖啡社区的参与者们发现了世界咖啡的七项核心原则，正是这七项原则使世界咖啡具有合作性，在全世界范围内取得了成功。这七项设计原则总结如下。

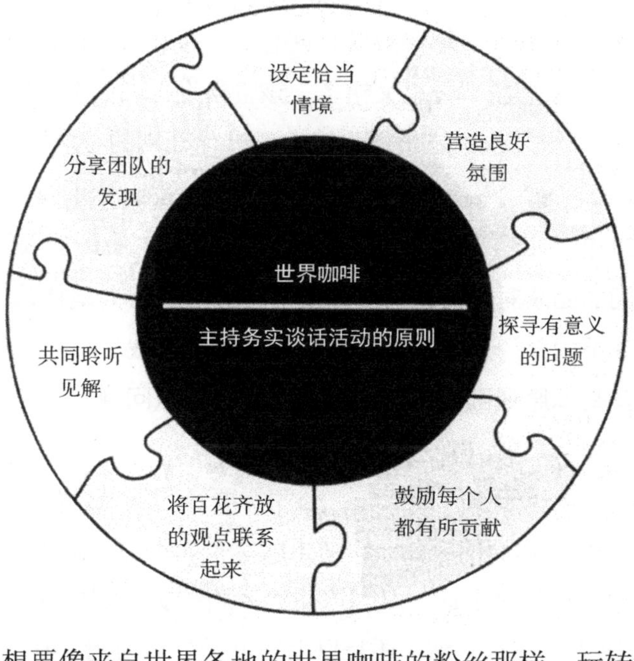

但是，想要像来自世界各地的世界咖啡的粉丝那样，玩转世界咖啡，

真正明白咖啡谈话的丰富内涵与多样性，我强烈建议你读读布朗和伊萨克的书。

1. **设定恰当情境**。明确世界咖啡的目的，确定讨论的主题或主旨以及要解决的问题。对可能的结果有一个预判。邀请那些应该参与或者想来参与的人参加活动。咖啡谈话的时间要安排得充裕。举一个实例：一家电子公司创建了一种新的跨部门团队，每个团队都由来自销售、会计、市场、生产和零售部门的 5～6 名员工组成。世界咖啡活动的目的是收集不同员工的建议，从而形成一个行事高效的团队，大家一起工作成效显著，且部门间的摩擦也很少。
2. **营造良好氛围**。环境要布置得随意些、友好些，看起来会令人愉悦，在生理上有种舒适感，这会让大家放松身心，随时准备参与到谈话活动中去。提供些建议：准备好“桌布”纸和彩色的马克笔这些写写画画的工具、小食和饮料、简单的桌上装饰、轻柔的背景音乐、五颜六色的海报以及任何能够打造咖啡厅气氛的东西。
3. **探寻有意义的问题**。问题应该跟团队有某种关系，并且问题的语言组织得要讲究，要能够激发有创意的回答和大家的活力。世界咖啡会推动大家摆脱“哪里又错了，该责怪谁”的问题，转而把问题集中在“我们怎么才能做得更好，还有什么别的可能”。世界咖啡会给大家启示：“人们会跟随自己提出的问题不断成长。”还是以我之前说的电子公司的培训为例，员工们会集中关注的问题有：

- **跨部门的团队对公司、员工以及客户最大的好处是什么？**
- **大家从不同部门走到一起工作会面临什么挑战？**
- **有哪些基本原则可以帮助解决新出现的团队问题？**
- **在组建团队之前需要先做哪些事情？**
- **团队一旦组建起来开始工作，公司需要给团队提供什么支持？**

4. **鼓励每个人都有所贡献**。团队里的每个人都是团队集体智慧的重要一部分。正是由于这一点，团队应该确保每个人都有机会发表见解，并鼓励大家去这么做。还是以上述电子公司为例，电子公司自愿做主持人的人，在世界咖啡的每轮活动中为大家主持活动。主持人一直待在所在桌不变，欢迎一轮又一轮的活动者，在新一轮活动者加入后他会对前一轮的谈话情况进行总结。主持人还会鼓励和帮助每组保持积极包容的氛围。

5. **将百花齐放的观点联系起来**。各种各样的观点相交织逐渐推动谈话不断进行，形成模式，展现主题，建立联系。经过多次交锋，大家的共识逐渐清晰，尽管是和而不同。布朗和伊萨克称之为“人们和观念进行创造性异花授粉的过程”，这种方式经常能够制造惊喜，换作别的方式这些惊喜可能都不会出现。继续以我们前面所说的电子公司为例，团队里的人应该会逐渐了解各个部门平时究竟在做什么，知道每个部门是如何对自己产生影响的。因此，大家决定每周指定一个时间开一次午餐学习会，进一步弄清楚部门间的内在联系以及部门的职责。
6. **共同聆听见解**。世界咖啡的成功依靠的是每个人倾听别人的能力。这里有一个对聆听者的建议，就是试着认为讲话的人是睿智的（可能果真如此），认为这个人的观点是集体智慧的重要一部分，就像一个乐团中每个乐手的作用都不可小觑一样。高效聆听还包括在聆听大家分享见解时能够听出弦外之音。继续电子公司的例子，咖啡小组从讨论中逐渐意识到每个部门都有各自的产品交付时间表，这让大家在一起合作面临不小的挑战。因此，必须要在跨部门团队成功开展合作前就把时间表的问题解决掉。
7. **分享团队的发现**。这是每轮谈话的方向——大家都有所退让，思考谈话未发现的内容，然后发现贯穿整个团队的某条线。发现这个过程的本质——学习、领悟、解决方案、下一步、更深入的问题，就是这个过程最重要的部分。当团队经过合作有共同的发现时，解决方案也就有了。世界咖啡建议从下面类似的问题开启讨论活动。

- **我们现在在做什么？**
- **如果现在这间屋子里只允许一种声音出现，你觉得应该是什么？**

- 我们讨论后会产生什么深入的问题呢？
- 我们有没有注意到什么模式？这些模式都指向哪里？这些模式让我们都知道些什么？
- 对于由谈话而产生的结果，我们现在能看到什么或者知道些什么？
- 我们接下来还要经历哪些环节？

以上内容得到世界咖啡基金会（www.theworldcafe.com）授权使用。

再次回到培训的例子中，电子公司的员工现在对所讨论问题的回答进行总结，根据总结内容，制订了一个简要的实施方案，对于后续如何组建跨部门团队以及着手开展工作的有关事宜做出了安排。每个团队负责实施方案的一个具体环节。在最后一个基本原则部分——分享团队的发现——每位员工要做出庄重的承诺，愿意竭尽全力为团队做出贡献。

从哪里开始

如果你从未在你的培训课上使用过概念中心，或者你从未参加过像世界咖啡这样的合作性学习活动，听一听下面的建议，它们会对你尝试进行这样的活动有所帮助。如果你已经对下面要讲的策略耳熟能详了，你可以试试布朗和伊萨克书中或本书第二部分讲到的活动的变形。把“咖啡原则”同你自己的创新活动进行有机结合，使其适合你的课程。

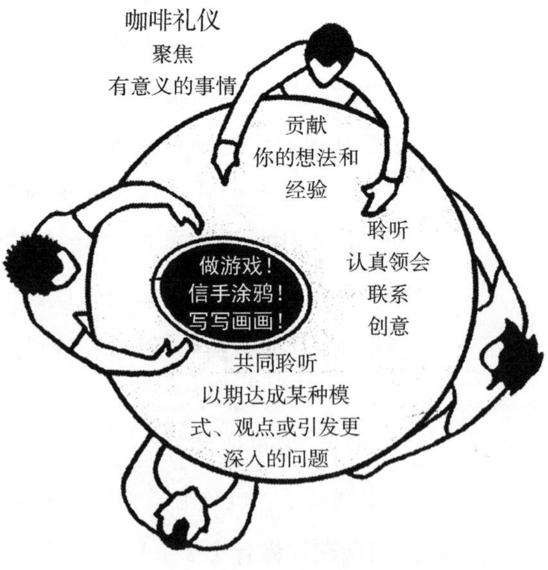

- **从简单的咖啡活动开始。**在你平时进行培训的房间里开设一次咖啡活动。桌面的问题尽量设置得简单一些，但要跟培训主题有关。你可以一开始让所有的小组都讨论同一个问题。

比起一开始就冒出各种类型的问题，就一个问题讨论会让大家联系得更加紧密，对该问题的讨论也会更加深入。如果时间允许的话，每桌试着进行 2 ~ 3 轮讨论。每一轮咖啡活动行将结束之时，进行一次全班大讨论，集中讨论取得的重要见解与学习收获。

- **把活动精神告诉大家。**让大家了解活动的预期是什么，咖啡活动的原则有哪些。你要强调，活动要侧重进行积极的对话，对话要体现兼收并蓄、从善如流的精神。在咖啡活动开始前要留出时间让大家提问。
- **看看谁自愿担任主持人。**每桌的主持人并不是正式意义上的活动组织者，他只是“谈话管家”，主要职责是鼓励大家参与对话、提出开放性的问题，当然他自己本身也可以参与谈话。更为重要的是，主持人需要在咖啡活动期间一直留在同一桌，不跟随每桌轮回，要在每轮结束后迎接新一组的到来，并跟新成员分享前一组的谈话精髓。每一组请一名成员自愿担任主持人。如果咖啡活动要进行好几轮，可以在第二轮或第三轮时对主持人进行轮换，也就是说每桌有新的成员自愿出马担任下一轮的主持人。
- **当好咖啡活动的主人。**咖啡活动进行过程中，你要在各个小组间不停走动，随时应付各种问题，倾听谈话内容，如果大家有需要的话，可以对大家谈的某个内容评上一两句，然后继续穿梭在各组间。正是你的现场表现和关注才形成了咖啡活动的重要后台，这跟餐厅里主人的招待是一个意思。
- **小组讨论的时间要充裕。**尽管有时时间会不太够用，不能保证在活动期间每个小组都能把所有咖啡桌轮转一遍。但是你仍然要确保每个小组的谈话时间不在整体紧凑的活动时长里缩水。平均每组每轮的谈话时间要保证在 20 分钟左右。通常 30 分钟的话会更好，15 分钟就有点太短了。大家需要放松下来进入谈话状态，思考正在讨论的内容，发表各自的观点，把回答写在桌布上，这些都需要花费时间。
- **要给全班大讨论留出充足的时间。**这是整个咖啡活动中最重要的一个环节。少数情况下，如果前面的谈话活动妙语连珠，成果丰硕，你可以把全班大讨论暂放一旁留到下次再说。但是，大部分情况下，如果全体学员在咖啡桌谈话结束后马上对活动经历进行一次大讨论，活动的效果会更加显著。你在全班大讨论时的提问可以很简单：

- 你学到了哪些从前不曾知道的东西？
- 你现在对本主题有何见解？
- 你还希望探索什么问题与概念？
- 我们接下来要对这些信息做什么？

- **继而开展总结，制订实施方案。**这样大家会意识到对话过程是有意义的，制订一个咖啡活动的后续方案是很重要的。下面有三个例子：
  - 如果参与培训的学员本身都是同事，每桌都对大家的评论进行总结，并写在咖啡桌的“桌布”纸上。然后把他们的总结用电子邮件发给全班同学，或者挂在公司的内网或博客上。
  - 由全体学员决定接下来该干什么，然后找一些志愿者对接下来每个环节进行监督，并向大家报告每个环节的开展情况。
  - 如果参与培训的学员不是同事，那么培训师就要对每组的总结进行汇总，并通过电子邮件发给每位学员。每位学员都要在今后的工作岗位上对自己的实施方案和后续工作负责。

最后的提醒

只要你能接受这种看法，即认为学员事实上对培训主题相关内容已知之甚多，并且学员在实际中能用各种各样有效的办法解决他们认为对自己很重要的问题与顾虑，那么你的一只脚已经跨进世界咖啡的大门了。不管学习工具要为你所用还是对你来说不合适，布朗和伊萨克都会提醒我们“世界咖啡并不是一种技巧，它是一种邀约，使我们与他人为伍，这种邀约本就是我们的天性”。在培训中，世界咖啡就是一种渠道，给学员提供一些他们所需的时间与空间，以便他们参与到有创新性的、有意义的以及充满变化的谈话活动中去。

如果你决定试着开展世界咖啡活动，下面有一些最终的提醒：

- **生产过程跟产品一样重要**。世界咖啡并不是用来造就一个有形的成果。世界咖啡更多的是关注合作性、创新性以及团队集体智慧的和谐性，通过这创新性的综合手段激发无限可能性。你要做的就是把咖啡活动安排好，信任这个过程，然后站到一旁等待它施展魔法。
- **重视过程，不必尽善尽美**。不要期望咖啡活动的参与者对顾虑与问题只提出一种解决方案。这个方案通常就潜藏在谈话过程中，不是靠最终敲定的。每一轮咖啡谈话都站在前一轮谈话的肩膀上，每一轮咖啡谈话要做的事情都一样——建立联系，形成团队，在朝着理想的目标迈进的同时达成共识。
- **顺势而为**。通常情况下，通过咖啡谈话会对提出的问题产生一个全新的观点，并对应一种潜在的解决方案。要对谈话的走向保持开放的态度，接纳任何可能。你要一直保持探索精神，同时提醒大家也这么做。对一个新的观点进行秒杀不是这个活动的精神所在。
- **你永远不会知道活动影响所及**。不管什么时候，当一小组人随意地聚在一起，以一种轻松的方式讨论对他们而言很重要的话题时，会对团队的能量和视野产生深远的影响，这种影响在谈话期间很难预见。一直以来所有的公司——甚至国家——为了变得更好都在做出这样的改变：一小群有奉献精神的人相习相教。

如果用一个词来总结世界咖啡，那就是“可能性”。当一群目标坚定的人以一种随意的方式聚在一起，讨论着他们在乎的问题，什么事情都有可能发生。培训也无外乎如此——一群目标坚定的人以一种随意的方式聚在一起学习他们在乎的东西。“这种互动方式相互交织的学习体系能产生最佳的学习状态与发展表现。”因此将世界咖啡与培训相结合是学习、改变与成长强大的潜在催化剂。

对我们所有人来说，把世界想象成到处都充满诚意与意义的对话，需要极大的想象力吗？

——选自朱安妮塔和戴维·伊萨克的《世界咖啡》

第 4 章　叫醒他们

互动式电子化学习方式的 10 个小建议

他们喜欢，就会去做。

——选自克拉克·奎恩的《参与式学习》

许多培训师认为互动式电子化学习方式是一个自相矛盾的说法。他们认为“互动式”与“电子化学习”是水火不容的两个词，电子化学习不可能具有互动性。毕竟，大部分通过计算机或电话完成的培训通常都是以讲课或自学为主，有时会结合幻灯片演示或在培训快结束的时候有个答疑、测试的环节，仅此而已。即便现在市面上有很多培训类的课程软件，而且这些软件都有互动或者类似的板块——人们大都称其为电子化学习，或称为计算机化培训，但它们还是以讲课和自学为主。

不同的人对电子化学习持有的看法不同。在这儿，我们会把电子化学习定义为通过一种或多种电子化的方式传递信息的过程：

- **电话会议**。这种学习方式利用电话线作为信息传递的手段，只能靠听。与会各方拨打特定的一个支持多方通话的电话号码。通常情况下电话会议没有计算机化的成分。
- **网络研讨会**。这种学习方式既有听觉元素也有视觉元素，利用电话线、计算机和网络开展培训。这种培训是实时进行的，培训师与学员通过声音与网络完成培训过程。现在有许多网络研讨会的相关软件，有些有互动功能，有些则没有。
- **同步学习或远程学习**。这种生动的、通过电视播送的学习方式既有听觉元素也有视觉元素，通常通过电视网或卫星网传送培训内容。培训师在一座城市里开展面对面的培训，与此同时遍布其他城市的众多网点都会通过电视实时地传送培训过程。如果其他城市的网点也有听觉和视觉装备，培训师与外地的学员都能互相听到对方说话，看到对方。这种电子化的学习方式也可以通过与电视或卫星相连的计算机摄像头、课程软件和在线主持人（可选）来实现。不管用什么电子化的媒介，培训都是实时进行的，培训师与身处各地的学员通过“虚拟”教室在同一时刻聚在一起。

- **非同步或自主的计算机化培训**。这类培训课是预先录制好然后上传到网站、网络主机或公司的内网上的。培训内容以工作表、幻灯片、测验以及其他书面材料的形式呈现，学员可以自己在计算机上选择一门课然后阅读这些材料。有时这些材料里还包含有预先录好的音频内容或简短的视频内容。没有培训师也没有培训教室。这种电子化的学习模式通常也被称作计算机化的自学。

本章提到的一些创意可能适于不同的电子化的学习方式，凡是属于电子化学习范畴的电子化信息传授手段都列在了上面。

让我们先从两种对电子化学习不正确的臆断入手：

- **电子化学习很无聊（它本不必无聊的）。**
- **电子化学习没有互动（它应该是互动的）。**

跟课堂教学一样，电子化学习课程的无聊和缺乏互动是设计和传授方式的问题，不是内容或学员方面的问题。甚至内容最复杂、技术要求最高的教材都可以做得既有趣又具互动性。即使最被动的学员也能参与到简短的、相关的学习活动中。

所以，你要怎样创造出有趣的、具有互动性的电子化学习课程呢？你可以试着从下面这 10 种简单的方法开始。

1. 发送热身说明时记得嵌入责任

所谓热身就是课前教学说明，一般通过电子邮件发送给学员，里面主要详细介绍了各式各样简单的、跟主题有关的活动，学员要在电子化课程开始前完成这些活动。本书第一部分列出的热身活动不仅可以用到面对面的教学中，也可以用到电子化学习当中。

对于电话会议和同步远程学习来说，学员可以向培训班全体同学口头报告热身活动的成果。对于不同步的培训课程来说，学员可以通过电子邮件把热身成果发送给主管、老师或者培训班通讯录里的某个人。

下面是从本书第一部分摘录的一些热身活动，对电子化学习课程尤为管用：

- （对于网络研讨会）——尽可能多地写出一些你所知道的跟主题有关的信息，做好随时在网络研讨会上阐述这些信息的准备。
- （对于电话会议）——采访一位“专家”（对于某个主题他懂得比你多），随时做好向参加电话会议的成员讲述你所学的准备。
- （对于网络研讨会）——在网上搜一搜跟主题有关的内容，准备好利用聊天室的功能分享你在搜索中的发现。
- （对于所有电子化学习方式）——问问同事他们对于该主题都知道些什么，列出获得的信息和观点。将信息和观点进行总结，通过电子邮件发给培训班的其他同学。
- （对于所有电子化学习方式）——做一个简短的培训前测验，问问你希望在培训中得到答案的问题。在电子化培训课程开始前，通过电子邮件把这些问题发给老师。

给学员一定的选择自由度：他们可以从中选择做一两种甚至全部；或者他们创造出一个属于自己的热身活动。

2. 创造一个有趣的图形组织图

创建一个记笔记的页面（称为图形组织图），在培训开始前用电子邮件发给培训班的同学。最好使用 Adobe Acrobat 软件的 PDF 格式，它是最稳定的邮件附件格式。

你应该把笔记页做得看起来十分有趣，留出充足的记写和涂鸦的空白。笔记页绝不是幻灯片的影印稿，然后你在幻灯片的图片和横线上记笔记——幻灯片只是一种参考资料。记笔记的工作表应当有跟主题相关的图片、图形、表格以及记写的空白。本书第二部分有 5 种概念图，可以当作图形组织图的参考例子。

在培训课开始前，通过电子邮件发给大家一些友情提示，告诉大家把笔记页打印出来，带到课堂上，上课时准备好一支钢笔或铅笔。上课期间，确保中间有停顿，指导学员把重要的词语、短语或概念记下来。不要臆想他们因为手中有笔有纸就会记下来。你要这么说："这个含义深刻，赶紧记下来！"然后稍做停顿，给他们一些时间做笔记。

对于不同步的培训来说，在计算机化的培训材料里加入一页图形组织图，并附上说明，让学员自行下载、打印，在上课的时候就可以使用了。

3. 从快速通道开始

在一堂电子化培训课的初始阶段，学员会期待有课程介绍、技术方面的信息、课程表、学习目标以及班务之类的细节信息，因为大部分培训课都会在一开始讲这些东西。当你告诉大家（通过声音、幻灯片或其他视觉手段），把课前自己选择的热身活动中学到的最重要的三个内容简单写下来，准备好向全班同学进行报告时，想象一下，这时大家会有多么惊讶。你给大家大概一分钟的时间稍做准备，然后你让同学们开始汇报。如果这个班学员很多，你可能只找几个人汇报就行了。

本书第一部分介绍了 5 种快速通道活动，只要经过改编它们就能适用于电子化学习。这些快速通道活动的策略会在学员进入电子化学习系统的那一刻起就抓住他们的注意力。这种即时的参与性与新奇感会促使学员始

终保持注意力。

对于电话会议的快速通道活动，你口头告诉大家你希望他们做什么。对于同步远程学习方式来说，你可以通过计算机、镜头或电视屏幕把快速通道活动的说明展示给大家，并告诉大家将活动情况报告给所在站点的同学们。对于不同步的培训来说，把快速通道活动的说明打印出来，告诉学员针对热身活动中学到的内容进行一个简短的总结并将总结写出来。

关于电子化学习快速通道活动的说明，下面有一些更具体的例子：

- （对于网络研讨会）——使用聊天室功能，把跟主题有关的你希望得到答案的问题打印出来。
- （对于电话会议）——当叫到你的名字时，请你说出你最想从培训中学到的内容。
- （对于网络研讨会）——在白板上写出来一个你能跟主题联系起来的词或短语。
- （对于远程学习）——与跟你在同一个站点的同学一起，围绕本主题你所知道的内容进行头脑风暴，然后做好准备从头脑风暴的成果中选一些内容向大家做一个报告。
- （对于自学）——在空白纸上，写出 5 个跟主题有关的你所知或所听过的事实。在完成培训课后再来看看你写的这 5 条内容，看看是否准确。把不正确的地方纠正过来。

4. 遵循 10 分钟原则

不管你要开设哪种电子化学习班，一定要遵循 10 分钟原则。这意味着你要将幻灯片展示、讲稿或印发的材料分成长度为 10 分钟左右的一个个片段。在每个 10 分钟的片段之间，插入一个简短的 1 分钟的复习活动，让学员有机会复习刚刚学到的内容。本书“大脑友好型培训”一章和第二部分会告诉你使用 10 分钟原则的基本原理，同时提供了多种多样的复习策略。

我们对其中一些策略进行了变形，使其更适用于电子化学习，如下：

- 先想后写（对所有电子化学习方式）——在你的笔记页上，用一句话总结刚刚学过的内容。

- 搭档共享（对于网络研讨会）——在聊天室（或在你的远程学习点）找一位搭档，同他分享你认为课程中最重要的两部分内容。
- 大声喊出（对于电话会议）——以一组为单位，说出八个我们现在掌握的主题的知识点。
- 写字板（对于网络研讨会）——我们现在要花 1 分钟的时间让每个人迅速写下一个跟刚刚学过的信息有关的词或短语。

对于不同步的课程来说，在两段教学片段之间印上一段复习活动的说明，插入一个简短的复习活动：

- 把本章第四部分主要内容写出来。
- 写出你对本主题所知的五个知识点，回顾一下本章内容，看看你写的是否正确。
- 写出一个复习的问题，可以把问题当作一道测试题。
- 想想你可能如何使用这些信息，把你的想法写下来。
- 想一想你都学了什么，把你仍存疑的问题写下来。在读完本章剩余的内容后，回头再来看看刚刚写下的问题，看你能否回答出来。

5. 给身体装上休息键

现在先把这本书放到一旁，按照下面的方法让身体进行 1 分钟的休息：**站起来，伸展身体，做几次深呼吸。围着你的座位走一圈，绕着房间走一圈或者在走廊里走一圈。然后回到座位，拿起书，继续往下读。**

上面这一小段内容刚刚只是教你站起来走动。你能带动你电子化学习课上的学员也这么做吗？你当然可以！没有规定说上课期间他们必须一直坐在那里。当参加培训的学员站起来伸展身体的时候，大家会唤醒身体与思维，甚至在电子化培训课上也是如此。

大家会这么做吗？你没有办法验证是否一定会，但是他们可能这么做。毕竟，你是“老师”，学员已经习惯于遵循老师的教导去做。除此之外，在座位上坐了一段时间后他们站起来伸展一下身体也会感觉不错。本书“大脑友好型培训”一章会告诉你更多在培训中有关学员站立、伸展以及活动方面对身体有益的信息。

一些活动方式经改编也适用于电子化学习，如下：

- **站立、伸展并讲话——站起来，伸展你的身体，说出一个你刚学到的跟主题有关的内容，这个内容在学之前你并不知道。**
- **迷你徒步旅行——站起来围着你的座椅走一圈，边走边做深呼吸。**
- **微伸展、大伸展——微伸展是指微小的伸展活动，例如动动手指、动动脚趾。大伸展是指动胳膊动腿这样的伸展活动。我们需要一个人自愿给我们喊口令，带领我们做微伸展、大伸展，告诉我们站起来该动身体的哪一部分。**

对于电话会议、网络研讨会和远程学习，需要请一个人自愿给我们喊口令，带领全班同学做伸展运动。对于不同步的自学课程来说，把身体休息的活动说明印在学习材料上，按我在本部分开头时说的那样做。你也可以把身体休息的活动说明记在笔记页上，或者在材料中夹一页供参考的身体休息方式并附上活动说明。你可以每隔 10 ~ 20 分钟选择做一种活动。

6. 熟悉互动功能并学会使用

正如我之前说过的那样，许多网络研讨会相关软件都植入了互动功能。你可以慢慢研究并熟悉这些功能，这样你就不必在培训时匆匆忙忙地边学边用。这些互动功能可能包括白板、聊天室、手形图标、投票、点赞等视觉符号。你也可以让学员用电子笔把重要的概念圈起来，或者在白板上信手画一些东西代表重要的概念，或者在空白处填入内容。重点是让学员使用这些互动功能，并确保他们一定会用。你自己也要习惯于使用这些功能。

下面有一些互动功能的使用说明举例：

- 如果你同意这个说法，请使用手形工具举手示意……
- 让我们来投个票，看看我们对下面这个说法的赞同度……
- 用你手中的电子笔，把屏幕上你认为最重要的选项圈起来。
- 使用突出显示的功能，把你认为最重要的问题标记出来。
- 在聊天室里，用一句话表述你所学的东西有何用处。
- 在白板上信手画出一个东西代表一个重要的概念。
- 当你准备好回答这个问题时，用按键图标示意。

7．用后续的实施方案延伸学习

实施方案是学员对运用所学内容的书面或口头承诺。实施方案能够帮助学员对新学的内容进行复习与评估，并能决定他们将所学在工作中付诸实践的方式。这些实施方案将给大家带来一种责任感，这就意味着大家必须向别人报告自己的实施方案。本书第四部分讲了各种各样的评估活动和学员主导的总结活动，其中也包含实施方案。

下面有几个经改编适用于电子化学习的例子：

- （对于所有电子化学习方式）——在你的图形组织图上，写下一句到两句话，来描述你在工作中使用所学知识的方案。还要写下你准备跟谁（或者你的主管）讨论你的实施方案。
- （对于网络研讨会）——在聊天室里，写下你将所学知识付诸实践的实施方案。在你的方案旁边写上你的名字。当培训课结束后，我们会把你的方案复印一份或用电子邮件发给所有同学。
- （对于所有电子化学习方式）——在卡片上，写下你现在能用所学知识立马做到的一件事。把这张卡片粘在你的工作桌或公告板上。在一周内给你的导师发一封电子邮件，告诉他你实施方案的执行情况。

8．用博客或维基百科跟进

博客是一种网络日志，你可以在上面发布一些信息，然后学员可以在后面进行评论回复。维基百科是一种网络百科，你和学员都可以发布信息并对信息进行回复。如果你知道快速开通博客与维基站点的方法，那么博客与维基百科就可以成为延伸学习的途径。如果你不太明白怎么使用这些跟进学习的工具，你可以在网上搜索，浏览相关说明。

一定要确保参加电子化学习的学员懂得使用博客和维基的方法，这样课后他们才能在上面发表见解、提问、进行最佳的实践、回复、评论等。对于自学者，在计算机化的学习材料后要附上一张使用方法说明表。

9．给大家一些改变与选择

之前关于大脑研究方面的章节也说过，惯性就是人的大脑开始忽视那些常规的、重复的或厌倦的事情。不管你是在普通教室里教课还是在电子化培训中教课，诀窍就是把惯性踢走。你所做的任何能抓住学员兴趣与好奇心的改变行为都会起作用：活动、图片、声音、动作、故事、视频片段以及印在学习材料上的色块和图形，类似这些东西。此外，只要你在培训中给学员选择的机会，你都会强化他们学习的动机，例如从快速复习活动中选择做一些活动、选择一种向全班同学报告学习效果的方式、选择记写的方式、选择要回答的问题、选择合作的搭档、选择要不要参加互动。

10．顺其自然

没有什么会永远管用。要正确认识电子化学习，它不会永远都完美无瑕，总会有技术、课程、学员以及内容方面的问题（跟普通教室里的培训不同）。即使方案与互动策略再完善，有时出现问题也在所难免——很多方面都会出现问题。所以要对你自己有耐心，对参加你电子化学习的学员有耐心，从咿呀学步开始，当创造出有趣的、参与式的以及令人印象深刻的电子学习体验时，要多给自己一些鼓励。

把这些小建议带到工作中

现在回过头看看本章的内容，把你会在下次电子化培训课用到的一两个小建议圈出来。当你有时间的时候，利用本章的三个或更多个互动策略重新设计一下整个电子化培训过程。或者将本书其他部分的三个或更多个策略进行改编用于培训。

让我们快速回顾一下你都学到了哪些关于互动式电子学习的知识。下面有一些跟培训有关的说法。在能够正确完成语意的短语下面画上横线，然后核对你的答案。

1. 电子化学习应以（**讲课为基础；活动为基础**），直接教学的时间很（**短；长**）。
2. （**站起来活动；一直坐在那里**）会帮助参加电子化学习的学员学得更好。
3. 责任意味着学员必须（**露面就行了；展示活动或任务完成情况**）。
4. 有效的图形组织图是（**一种有趣的、视觉化的记笔记的页面；幻灯片的影印稿**）。
5. 学员为了在电子化学习班上保持头脑清醒必须（**一直站着、一直坐着；时而坐着，时而站着**）。
6. 为了制造兴趣点，在培训课开始前要让大家进行（热身活动；测验）。
7. 从（**课程介绍、课表和技术性的信息；快速通道**）开始会让学员从一开始上课就沉浸到课程中。
8. 把你的培训教材划分成以（**30 分钟；10 分钟**）时长为单位的片段。
9. 以学员创造的（**实施方案；培训评估**）结束课程。

如果你画出了正确的短语，那么上述句子应该是：

1. 电子化学习应以**活动为基础**，直接教学的时间很**短**。
2. **站起来活动**会帮助参加电子化学习的学员学得更好。
3. 责任意味着学员必须**展示活动或任务完成情况**。
4. 有效的图形组织图是**一种有趣的、视觉化的记笔记的页面**。
5. 学员为了在电子化学习班上保持头脑清醒必须**时而坐着，时而站着**。
6. 为了制造兴趣点，在培训课开始前要让大家进行**热身活动**。
7. 从**快速通道**开始会让学员从一开始上课就沉浸到课程中。

8. 把你的培训教材划分成以 **10 分钟**时长为单位的片段。

9. 以学员创造的**实施方案**结束课程。

保持创新性！利用这些小建议进行试验，创造属于你自己的方法，将你的发现分享给大家。从设计电子化学习课程开始，要让大家从进入学习系统到退出学习系统始终都能保持兴趣与参与感。

你将会“叫醒大家”并让他们一直有兴趣去学习、去参与并且渴望学到更多。

> 互动性的非凡之力就在于让人们通过实践去思考，再通过思考做得更好。
>
> ——选自迈克 · 艾伦的《迈克 · 艾伦的电子学习法导论》

第5章　作者后记

如果（人们）不能用我们的教学方式来学习，那么可能我们应该用他们学习的方式来教。

——伊格纳西奥·埃斯特拉达

橙汁疗法

我一个在小学当心理老师的朋友给我讲过一个事儿，曾经有一对忧心忡忡的父母来找过他，说他们7岁的女儿仍然会在晚上尿床。我的朋友听到这个问题后让这对父母说说在睡前他们的女儿一般都做什么。父亲说道："呃，我们大概在晚上6点吃晚饭，然后我的女儿会做家庭作业，随后她会自己玩或看电视，一直到晚上8点半。再后来她会换上睡衣，喝一杯橙汁，刷牙，睡觉。"在父亲叙述完这些后，我的朋友静静地坐了会儿，然后有礼貌地给出了建议：别让小姑娘在睡前喝橙汁了。问题旋即得到解决，他们的女儿再也没有尿过床。

通常"治疗"这个词有点直截了当。这么做——就会有这种结果。换个不同的做法——就会有不同的结果。当遇到教学和培训问题时，治疗当今教学厌倦病的一种方法看起来显而易见：教学策略变化时，学习的反应也会发生相应的变化。当老师改变了教学方式，学员也会改变学习方式。

做出你所寻求的改变

圣雄甘地是 20 世纪印度乃至世界最杰出的政治领袖和精神领袖之一。他对我们最有名的一个教导就是，我们必须在这个世界上做出我们所寻求的改变。在甘地身上有一个小故事清晰地印证了这句话。有一位母亲带着她的儿子来见甘地，她告诉甘地她的儿子总是吃太多的糖，希望甘地告诉她儿子不要再吃糖。甘地告诉这位母亲让她过两个星期再来。当这位母亲和她的儿子两个星期后再来时，甘地看到这个小男孩说道："不要再吃糖了。"这位母亲反问道："为什么你不在两个星期前就这么说？"甘地回答道："因为两个星期前我自己也没有改掉吃糖的习惯。"

作为老师、培训师，我们必须言行一致。为了改变我们学员和培训学员的学习方式,我们必须首先改变自己——朝着我们认为是高效教学与学习的样子改变。

当我们把教学模式从"老师讲、学员听"转换到"当学员开始讲开始教的时候学习才真正开始",会有不计其数的机会冒出来,好像变魔术一般。我们会发现崭新的书、崭新的工作坊以及新的朋友，他们言行一致，并且愿意为我们提供帮助。我们所做的改变的有效性再获肯定，人们对其不吝赞美之词。我们的同事也会让我们教他们究竟我们是怎么做的。每个人的表现都呈现出培训方式改变后的结果,事实上,是我们的老师帮助我们做出我们所寻求的改变的。

教即学，学即教

在本次学习之旅的某一时刻，我们终会明白，当我们教会别人的同时，我们也在更深的层次上掌握了我们所教的内容。对我们的学员来说是同样的道理。当大家互教互学的时候，也就渐渐学会了相应的知识。

让我换个说法：当我们教的时候，我们学习了；当我们学的时候，我们教了。这是人学习方式的一种自然轮回，对我们生活的每时每刻都产生影响。我们在做任何事情的时候既是老师，又是学员，绝无例外。一旦我们真正认识到这一点,袖手旁观去鼓励学员互教互学就会变得很容易——这是一种事半功倍的培训方式。

当你在教室的后方教学和培训，而把你的学员置于讲台中央真正开始学习的时候，我要把自己最大的祝愿送给你和你的学员。

> 学习就是发现你已知的过程。
> 实践就是展示你所知的过程。
> 教学就是提醒大家，其实大家跟老师一样懂。
> 我们都既是学员，又是践行者，还是老师。
>
> ——理查德 · 巴赫

莎朗 · 波曼

美国内华达州，格兰布鲁克，塔霍湖

关于作者

认识莎朗·波曼

- 职业演说家、公司培训师
- 学区以及大学员工发展顾问与导师
- 著有 8 部培训与激励学习方面的著作，广受欢迎
- Bowperson 出版与培训公司主席
- 塔霍湖培训师组织主管
- 美国全国演讲者协会专业会员
- 美国人才发展协会会员

当问到莎朗·波曼她究竟是做什么的时候，她这样回答："我教老师怎样去教学，教培训师怎么去培训。"她是一个经验老到的培训师，言行一致，会让学员自踏入教室到离开教室的整个过程中都参与到学习中。她的学习方法独一无二、充满能量、毫不刻板、亲力亲为。她的课堂、讲座都充满了实践性，让人感到难忘和有趣。她先前的 7 部广受欢迎的培训与激励学习方面的著作现在还在付印，数量超过 70 000 本。实际上，她之前的《10 分钟培训师》一书是 Pfeiffer 畅销书榜的上榜书籍。

如果你亲自体验过莎朗的培训课或研讨会，你会发现你自己要么站着要么动着，而不是老坐在那儿听讲。你还发

现你会把自己知道的东西教给别人，别人也会把自己知道的东西教给你。自始至终，莎朗都会在教室的后方指导我们的整个学习过程。

要想了解关于莎朗·波曼以及其著作和培训服务的更多信息，请登录 www.bowperson.com 查询了解。在此网站上，你还可以浏览并下载超过 48 种关于高效培训与教学的免费资料。你也可以通过电子邮件跟莎朗取得联系，邮箱为：sbowperson@gmail.com。

反侵权盗版声明

举报电话：（010）88254396；（010）88258888

传　　真：（010）88254397

E-mail：　dbqq@phei.com.cn

通信地址：北京市万寿路 173 信箱

　　　　　电子工业出版社总编办公室

邮　　编：100036